Anschauliche Predigten

Zu diesem Buch

In ausgeführten oder skizzierten Beispielen werden die verschiedenen Möglichkeiten lebendiger und anschaulicher Predigt im Kinder- und Familiengottesdienst vorgestellt: Klaus-Monika-Predigten, Puppenspiele mit Ralph und Helga, Sprechspiele, Zeichenpredigten, Kalenderpredigten, Bußgottesdienste. Dazu kommen eindrucksvolle Geschichten (samt ihrer Anwendung) und Predigten mit dem Overhead-Projektor.
Den Predigten sind Hinweise auf Lesungstexte beigefügt, dazu gibt es Fürbitten, z. T. fertig ausgearbeitete Gottesdienstvorlagen, viele Abbildungen mit Vorlagen für Kalender- oder Overhead-Predigten und ausführliche Register, die die Predigten thematisch, nach dem Kirchenjahr und nach Bibelstellen aufschlüsseln.
Das Predigtbuch macht in seiner Vielfalt und Spannbreite dem Prediger, Katecheten und Religionslehrer ein reiches Angebot und regt zu eigenen Versuchen und Gestaltungen an.

Willi Hoffsümmer, geb. 1941, Pfarrer in Bergheim-Paffendorf. Veröffentlichungen im gleichen Verlag: Bausteine für Familiengottesdienste – Lesejahr A. Die Evangelien der Sonn- und Feiertage in Symbolen, Geschichten, Spielen und Bildern (^{2}1993); Bußgeschichten. TOPOS 99 (^{5}1990); 3 × 7 Bußfeiern mit Gegenständen aus dem Alltag (1991); 33 Gruppenstunden für Ministranten (^{4}1991); Firmgeschichten. Hinführung zur Firmung für Jugendliche und Gruppenleiter. TOPOS 126 (^{6}1991); Geschichten als Predigten (^{2}1990); Geschichten für Kranke. TOPOS 188 (^{2}1990); Geschichten wie Brücken zum Leben (1992); Geschichten wie kostbare Perlen (^{4}1990); Geschichten wie offene Türen (1990); Geschichten wie Spiegel des Herzens (^{2}1989); Geschichten wie Wegweiser (^{2}1993); Geschichten zum Sakrament der Ehe. TOPOS 166 (^{3}1991); Geschichten zur Taufe. TOPOS 210 (1991); Glaube trägt (^{7}1992); Gottes Spur in der Schöpfung. 200 Ideen für Feriengottesdienste und Freizeiten (1993); 133 Kinderpredigten. Mit Gegenständen aus dem Alltag (^{8}1992); 111 Bausteine für Gottesdienste mit 3–7jährigen und religiöse Feiern im Kindergarten (^{4}1992); 144 Zeichenpredigten durch das Kirchenjahr. Mit Gegenständen aus dem Alltag (^{5}1991); 122 Symbolpredigten durch das Kirchenjahr. Für Kinder, Jugendliche und Erwachsene (^{2}1992); Kommuniongeschichten. Brot fürs Leben. TOPOS 79 (^{14}1992); Kurzgeschichten 1. 255 Kurzgeschichten für Gottesdienst, Schule und Gruppe (^{13}1992); Kurzgeschichten 2. 222 Kurzgeschichten für Gottesdienst, Schule und Gruppe (^{8}1992); Kurzgeschichten 3. 244 Kurzgeschichten für Gottesdienst, Schule und Gruppe (^{5}1992); Kurzgeschichten 4. 233 Kurzgeschichten für Gottesdienst, Schule und Gruppe (^{2}1992); 99 Kinderpredigten. Mit Gegenständen aus dem Alltag (^{3}1992); Religiöse Spiele für Gottesdienst und Gruppen 1 (^{5}1990); Religiöse Spiele für Gottesdienst und Gruppen 2 (^{4}1993); Seniorengottesdienste 1. 177 Gottesdienste für ältere Menschen und andere Altersgruppen (^{2}1991); 77 religiöse Spielszenen für Gottesdienst, Schule und Gruppen (^{2}1989); Wir wagen den Glauben (^{3}1987); 2 × 11 Bußfeiern mit Gegenständen aus dem Alltag (^{3}1990).
Gesamtauflage über 600000.

Willi Hoffsümmer

Anschauliche Predigten

für Kinder-, Jugend- und Familiengottesdienste
Mit 19 Zeichnungen von Andreas Wittig

Matthias-Grünewald-Verlag · Mainz

Meiner Schwägerin Gaby und meinem Bruder Hermann Josef

Die Deutsche Bibliothek – CIP-Einheitsaufnahme

Hoffsümmer, Willi:
Anschauliche Predigten für Kinder-, Jugend- und Familiengottesdienste / Willi Hoffsümmer. Mit 19 Zeichn. von Andreas Wittig. – 5. Aufl. – Mainz : Matthias-Grünewald-Verl., 1993
ISBN 3-7867-0760-X
NE: Hoffsümmer, Willi : [Sammlung]

5. Auflage 1993

Umschlaggestaltung: J. Wagner
(unter Verwendung der Zeichnungen von A. Wittig)
Gesamtherstellung: Kösel, Kempten

Inhalt

I. Eindrucksvolle Geschichten

Nach wie vor ist eine packende Geschichte eines der wirkungsvollsten Mittel, die Zuhörer in den Bann zu ziehen.
Die »Anwendung« der einzelnen Geschichten ist in der Regel bewußt allgemein gehalten, um den Prediger nicht festzulegen.

1. Der Mann, der Bäume pflanzte

Ein älterer Mann in Frankreich. Seine Frau ist gestorben, dann auch noch sein einziger Sohn. Wofür soll er jetzt noch leben? Er läßt seinen Bauernhof in einer fruchtbaren Ebene zurück. Nur 50 Schafe nimmt er mit. Er zieht in eine trostlose Gegend, in die Cevennen, fast eine Wüstenlandschaft. Dort kann er vielleicht vergessen. Weit verstreut liegen fünf Dörfer mit zerfallenen Häusern. Die Menschen streiten sich; viele ziehen fort. Da erkennt dieser ältere Mann: diese Landschaft wird ganz absterben, wenn hier keine – Bäume wachsen!
Immer wieder besorgt er sich einen Sack mit Eicheln. Die kleinen sortiert er aus, auch die mit Rissen wirft er fort. Die guten kräftigen Eicheln legt er in einen Eimer mit Wasser, damit sie sich richtig vollsaugen. Er nimmt noch einen Eisenstab mit, dann zieht er los. Hier und dort stößt er den Eisenstab in die Erde, legt eine Eichel hinein. – Nach drei Jahren hat er auf diese Weise 100000 Eicheln gesetzt. Er hofft, daß 10000 treiben. Und er hofft, daß Gott ihm noch ein paar Jahre schenkt, so weitermachen zu können. Als er im Jahre 1947 im Alter von 89 Jahren stirbt, hat er einen der schönsten Wälder Frankreichs geschaffen. Da gibt es je einen Eichenwald von 11 km Länge und 3 km Breite an drei verschiedenen Stellen!
Und was sonst noch geschehen ist? Die unzähligen Wurzeln halten jetzt den Regen fest, saugen Wasser an. In den Bächen fließt wieder Wasser. Es können wieder Weiden, Wiesen, Blumen wachsen. Die Vögel kommen zurück. Selbst in den Dörfern verändert sich alles: die Häuser werden wieder aufgebaut, angestrichen. Alle haben wieder Lust am Leben, freuen sich, feiern Feste. Keiner weiß, wem sie das zu verdanken haben, wer die Luft, die ganze Atmosphäre geändert hat[1]. –
Da lebte ein Mann, der nicht sagte: Da müßte mal einer was tun, da könnte man ein Programm entwerfen ..., sondern dieser Mann fing einfach selbst damit an, und zwar phantasievoll, geduldig, ausdauernd, ohne an sich zu denken, ohne Dank zu erwarten.

---

[1] Nach J. Giono, Der Mann mit den Bäumen, Zürich 1972.

Auch du kannst die Welt verändern!

Überlege einmal mit! Wo gibt es bei uns Stellen, wo du laufen gehen möchtest? Wo sind unsere »trostlosen Gegenden«, ja »Wüstengebiete«? – Zu Hause? In der Schule? In unserer Gemeinde? In dir selbst? – Zerfällt da einiges? Wird zu wenig gelacht? Was dagegen zu tun ist? – Knallige Wunder geschehen da nicht! Die Antwort heißt: Du mußt Eicheln setzen! Kräftige, gesunde Eicheln ohne Risse. Das sind: gute Gedanken, gute Worte (wir loben viel zu wenig!) und gute Taten. In jede trostlose, traurige Situation hinein mit Gottes Hilfe Eicheln setzen, immer wieder, und hoffen, daß wenigstens einige aufgehen! Und wie leicht das manchmal ist: zum Beispiel, daß du jetzt hier bist, mitbetest, mitsingst, das verändert hier schon die Luft, die Atmosphäre. Da kann sich jeder hier schon wohler fühlen. Das steckt andere an. Glaube mir: in jedem Menschen sind wertvolle Schätze, auch in dir und mir. Sonst könnten wir gar nicht leben. Warum teilen wir nicht mehr davon aus, Edelstein um Edelstein, Eichel um Eichel!? Dann verändert sich die Welt. Dann zwitschern die Vögel wieder!

Diese Predigt ist, wenn die »Anwendung« leicht variiert wird, bei vielen Anlässen denkbar, bis hin zur Ansprache bei einer Silbernen Hochzeit.

Fürbitten

Priester: Herr Jesus Christus, wir bitten dich:

– Schenke uns in trostlosen Augenblicken die Phantasie zu erkennen, an welche Stellen wir gute Taten und Worte (ohne Risse) setzen können.

– Schenke uns deinen Heiligen Geist, damit wir genügend Mut haben, wie du nach dem Willen deines Vaters zu leben.

– Gib uns die nötige Geduld, Ausdauer und Selbstlosigkeit, an einer schöneren Atmosphäre in unserer Welt mitzuarbeiten.

– Laß uns auch dann weitermachen, wenn wir kein Dankeschön gesagt bekommen.

Priester: Jesus Christus, du bist in unserer Mitte. Du weißt auch ohne viele Worte, was wir brauchen. So geh bitte mit uns![2]

Mögliche Evangelien als Hin- oder Weiterführung: Mt 4,23–25: erstes Auftreten Jesu; Mt 5,2–12: die Seligpreisungen; Lk 3,7–14: Johannes der Täufer sagt, was das Volk tun soll.

---

[2] Zuerst in einem anderen Zusammenhang veröffentlicht in »Prediger und Katechet«, 6/1978.

2. Im Schatten des Kreuzes können sich alle Menschen ausruhen

Eine Geschichte aus einem fernen Land erzählt: Ein Mann wollte seinen Schatten loswerden, aber, was er auch anstellte, es gelang ihm nicht. Er wälzte sich auf dem Boden, sprang ins Wasser, versuchte, über den Schatten wegzuspringen. Alles vergeblich. – Ein weiser Mann, der diese Geschichte hörte, meinte dazu: »Das wäre doch ganz einfach gewesen, den Schatten loszuwerden!« »Wieso einfach?« fragten die Umstehenden neugierig, »was hätte er denn machen sollen?« Und der weise Mann gab zur Antwort: »Er hätte sich nur in den Schatten eines Baumes zu stellen brauchen.«

Ich darf dir diese Geschichte erklären: Der Schatten, das ist die Schuld eines Menschen. Wenn du beim Spielen einen Spielkameraden mit einem Pfeil oder einem spitzen Stein ins Auge triffst, oder wenn ein Erwachsener mit seinem Auto auf dem Zebrastreifen einen Fußgänger totfährt (um einmal ganz furchtbare Dinge zu nennen), dann kannst du erleben, wie sehr das bedrückt. Diese Schuld belastet dich wie ein schwerer Stein, den du nicht abwerfen und nicht vergessen kannst. Du könntest auf einen hohen Berg klettern, 50 m tief tauchen, alles Mögliche anstellen: diese Schuld, diesen Schatten wirst du nicht los. – Was sagte der weise Mann?

Wir brauchen uns nur in den Schatten des Baumes, in den Schatten des – Kreuzes Jesu zu stellen, dann wirst du die Schuld los. Jetzt verstehst du auch, warum Jesus in seinem Kreuz die Schuld aller Menschen trug. Jetzt verstehst du, wie frei uns Jesus durch seinen Tod am Kreuz gemacht hat. Denn wenn mir eine Schuld leidtut, egal wie groß sie ist, kann ich zu Jesus gehen: Er nimmt mir diese Schuld ab. Ich kann wieder neu anfangen (allerdings soll ich auch nach Kräften alles wiedergutmachen). Darum kann bei dieser Geschichte auch der am meisten aufatmen, der weiß, wie sehr eine Schuld einen Menschen innerlich zermürben kann.

Das Schöne an dieser Geschichte ist auch: *Jeder* Mensch kann sich mit seiner Schuld in den Schatten des Kreuzes stellen, denn Jesus ist für *alle* Menschen gestorben. Diesen Schritt kann auch ein Terrorist machen, ein Mörder ..., aber auch ein Buddhist, ein Hindu, ein Muslim, ein Kommunist... Viele werden das erst am Ende ihres Lebens (im Tod) tun, weil sie von der rettenden Tat Jesu noch nichts gehört haben oder nicht so recht daran glauben können.

Fürbitten

Priester:	Laßt uns beten um das Erbarmen Gottes:
–	Für alle, die sich noch nicht im Schatten des Kreuzes ausruhen, für die Menschen in so vielen Religionen, für Zweidrittel aller Menschen in der Welt.
Alle:	Herr, erbarme dich, erbarm dich unser, erbarme dich unserer Zeit (Melodie: P. Janssens)[2a].

2a Fürbitten aus der »Friedensmesse« Peter Janssens Musik Verlag, 4404 Telgte; abgedruckt in: Neue geistliche Lieder 1, Gustav Bosse Verlag, Regensburg 1970, S. 49.

– Für alle, die nicht mehr an Jesus glauben können oder sich oft im Geld, im Alkohol, im Vergnügen verlieren und doch keine innere Ruhe finden.

Alle: Herr, erbarme dich ...

– Für alle, die Tränen, Unglücke oder Kriege verschulden, die Menschen innerlich und äußerlich ruinieren – und sich kein Gewissen daraus machen.

Alle: Herr, erbarme ...

– Für alle, die Jesu Botschaft kennen und sie doch nicht so überzeugend leben, daß andere aufhorchen und getröstet werden.

Alle: Herr, erbarme dich ...

Priester: Ja, Vater, laß uns spüren, daß du für uns und alle Menschen ein Herz hast, durch Christus, unseren Herrn[3].

Mögliche Evangelien: Alle Stellen, die mit dem Kreuz oder Heilswirken Jesu zu tun haben (auch die Apostelbriefe).

3. Die beiden Spiegel

Ein Märchen[4] erzählt uns: Satan, der Spaß daran hat, alles zu verwirren und durcheinanderzubringen, hatte einen Spiegel gemacht, an dem er seine teuflische Freude hatte. Dieser Spiegel zeigte alles Gute und Schöne ganz klein und zusammengeschrumpft; was aber schlecht war, trat übergroß ins Bild. Überall hielt er diesen Spiegel hin, und es gab kein Land und keine Menschen mehr, die nicht verzerrt darin zu sehen waren. – Eines Tages mußte der Böse über das Ekelhafte, das er im Spiegel sehen konnte, so lachen, daß er ihm aus den Händen rutschte und zerbrach – in Tausende, ja Millionen Teile. Und ein böser Sturm, ein Orkan, trieb die Splitter über die ganze Erde. Manche Splitter waren so klein wie ein Sandkorn; sie saßen vielen Menschen in den Augen. Diese Menschen sahen an anderen alles verkehrt; sie sahen nur das, was schlecht war. Seid ihr solchen Menschen schon begegnet? Manche Spiegelscherben waren so groß, daß sie als Fensterscheiben benutzt werden konnten. Aber sieh nicht hindurch! Du entdeckst nur das Häßliche an deinen Nachbarn. Andere Scherben kamen in Brillen, und wenn die Leute diese Brillen aufsetzen, dann ist es schwer für sie, richtig hinzusehen und gerecht zu urteilen. – (Pause)

Gott hat seinen Sohn nicht in die Welt gesandt, damit er die Welt richtet, sondern damit die Welt durch ihn gerettet wird. (Dieser Satz soll immer wieder die Predigt durchziehen, also auch *vor* dem Märchen zu finden sein.)

---

[3] Zuerst in anderem Zusammenhang veröffentlicht in »Prediger und Katechet«, 5/1978.

[4] »Geschichte vom Teufelsspiegel und seinen Splittern« von Hans Christian Andersen, verkürzt und verändert.

Der Spiegel der Güte Gottes. Als Gott sah[5], wie verkehrt viele Menschen alles sahen, wurde er traurig. Er beschloß, ihnen zu helfen. Er sagte: Ich will meinen Sohn in die Welt schicken. Er ist mein Ebenbild, mein Spiegel. Er spiegelt meine Güte, meine Gerechtigkeit wider; er spiegelt den Menschen so, wie ich ihn gemeint habe! – Und Jesus hielt diesen Spiegel den Menschen vor. Er zeigte das Gute in den Menschen, sogar an Betrügern, Räubern, verachteten Frauen. Er ließ in den Kranken den Mut zum Leben wieder wachsen. Er tröstete die Menschen, die trauerten, und sagte: Ich bin das Kraut gegen den Tod.

In diesem Spiegel konnte auch jeder das Schlechte entdecken, aber nicht unüberwindbar groß. Viele Menschen liebten diesen Spiegel Gottes und liefen Jesus nach. Sie waren begeistert von ihm. Andere aber ärgerten sich, sie griffen ein und zerbrachen den Spiegel: Jesus wurde getötet. Aber da erhob sich ein *guter* Sturm: der Heilige Geist, der die Tausende, die Millionen Splitter dieses Spiegels über die ganze Welt blies. Und wer nur ein Splitterchen dieses Spiegels ins Auge bekommt, der lernt die Welt und die Menschen so sehen, wie Jesus sie gesehen hat: das Gute und Schöne fällt dir zuerst ins Auge, das Böse und Gemeine aber ist veränderlich und überwindbar. –

Gott hat seinen Sohn nicht in die Welt gesandt, damit er die Welt richtet, sondern damit die Welt durch ihn gerettet wird. Ich wünsche euch die Splitter des richtigen Spiegels in die Augen!

Fürbitten

Priester: Verborgener Gott, wir rufen dich an:

– Laß uns die Welt nicht im Zerrspiegel der Angst und der Gewalt sehen, in dem das Böse sich übermächtig aufbläht.

– Hilf uns die Welt so zu sehen, wie du es haben willst, damit wir hinter der »Fratze der Wirklichkeit« dein Reich kommen sehen.

– Gib uns den Blick Jesu, damit wir selbst in Verachteten und Abgeschriebenen noch die Spuren deiner Güte erkennen.

Priester: Dann erfüllen uns neuer Mut und neue Hoffnung. Darum bitten wir durch dein Spiegelbild, durch Christus, unsern Herrn[6].

Mögliche Evangelien: Joh 3,17: Gott sandte seinen Sohn, damit die Welt durch ihn gerettet wird; Mt 4,23: Er verkündete die gute Nachricht vom Reich Gottes ... und viele andere.

---

5 Verkürzt und leicht verändert nach Christian Zippert, Spiegelgeschichten, in: H. Nitschke (Hg.), Erzählende Predigten, Gütersloh 1976; S. 125f.

6 Zuerst veröffentlicht in »Prediger und Katechet«, 2/1979.

4. Glaube an ein Weiterleben

a) Ein »moderner« Mensch

Da hat sich ein Mensch in der Wüste verirrt. Er wird verdursten, wenn keine Hilfe kommt. Das weiß er. Da sieht er vor sich Palmen, Dattelpalmen und – er hört Wasser sprudeln. Aber er denkt: »Ja, das kenne ich, das habe ich schon in Büchern gelesen: das ist eine Fata Morgana, meine Phantasie spiegelt mir nur so etwas vor. Das stimmt alles nicht!« – Und ohne Hoffnung, halb wahnsinnig, läßt er sich zu Boden fallen. Kurze Zeit später finden ihn zwei Beduinen – tot. »Kannst du so etwas verstehen?« sagt der eine zum andern, »so nahe am Wasser, die Datteln wachsen ihm fast in den Mund! Wie ist das möglich?« Da sagt der andere: »Er war ein moderner Mensch!«
Er war ein moderner Mensch! Du kennst sie: Schulkameraden, die dich auslachen, weil du an Gott glaubst. Sie sagen: »Den gibt es nicht! Hab' ihn noch nie gesehen! Das bildet ihr euch nur ein!« Und ob nach dem Tod noch etwas kommt? Da hänseln sie weiter: »Du bist verrückt! Mit dem Tod ist alles aus! Das sagt auch mein Vater ...«
Und dabei hat Jesus ganz klar gesagt (Joh 14,1.2): Euer Herz sei ohne Angst. Glaubt an Gott und glaubt an mich. Im Haus meines Vaters sind viele Wohnungen. Wenn es nicht so wäre, hätte ich euch dann gesagt: Ich gehe hin, um euch einen Platz zu bereiten?
Wenn du also nicht verdursten willst, wenn du dich sattessen willst, dann geh' noch ein Stückchen weiter! Der Glaube an das Leben nach dem Tod ist keine Fata Morgana!

b) Die Bärenraupe

Weiter und immer weiter geht sie, die Bärenraupe. Auf der anderen Seite der Straße ahnt sie herrliches Grün; jenseits der Straße wächst, was sie satt machen kann. Aber 6 m Asphalt liegen dazwischen! Und dann ihre Stummelfüße! Und die Autos jagen hin und her! Zwanzig in der Minute. In einer Stunde über tausend! Nicht nur PKWs: Lastautos, Sattelschlepper, Fußgänger, Radfahrer, Mopeds. Aber sie geht. Ohne Hast. Ohne Furcht. Ohne großartige Taktik. Zwanzig Autos in der Minute! Und sie geht und geht und geht und – kommt an![7] –
Verstehst du, was damit gesagt sein soll? Dieses »behinderte« Geschöpf wagt das fast Unmögliche. Es sagt nicht: »Mein Pech, daß ich auf dieser Seite der Straße geboren wurde.« Nein – es geht los!
Das Risiko ist groß. Da kommen die Lastautos: vielleicht dein bester Freund im Sportclub, der meint: »Laß das doch. Du wirst nie ins Jenseits, auf die andere Seite kommen. Bleib' in allem, was du denkst, auf dieser Seite!« Da sind die Autos: vielleicht sogar dein Vater oder deine Mutter, die dich zurückhalten wollen. – Aber das herrliche Grün wartet. Jesus wartet. Er gibt die Richtung und das Ziel an! Und wenn du gehst und

---

[7] Nach dem Gedicht von R. O. Wiemer, »Chance der Bärenraupe, über die Straße zu kommen«, aus: »Arbeitsgemeinschaft Missionarische Dienste, Stuttgart o. J., S. 4.

gehst und gehst, ohne Hast, ohne Angst, ohne Taktik, direkt auf Jesus zu, dann kommst du auch an.
Denn Jesus sagt (wieder Joh 14,1.2): Euer Herz sei ohne Angst. Glaubt an Gott und glaubt an mich. Im Haus meines Vaters sind viele Wohnungen. Wenn es nicht so wäre, hätte ich euch dann gesagt: Ich gehe hin, um euch einen Platz zu bereiten?

Fürbitten

Priester: Jetzt wollen wir ganz still werden und innerlich leise mitbeten.
– Wir beten für alle, die schon verdurstet am Boden liegen und nicht mehr an den lebendigen auferstandenen Jesus glauben können. – Stille.
– Wir beten für alle, die sich nicht mehr über die Straße wagen oder das Grün auf der anderen Seite schon gar nicht mehr sehen. –
– Wir beten um Kraft für uns, daß wir alle Tage unseres Lebens ohne Angst gehen und gehen – bis wir ganz nahe bei Jesus sind. –
Priester: Herr, erhöre unser Gebet!
Alle: Und laß unser Rufen zu dir kommen[8].

5. Der alte Brunnen

In der Nähe eines alten Bauernhauses lag ein alter Brunnen. Sein Wasser war ungewöhnlich kalt und rein und köstlich zu trinken. Aber das Besondere war: er trocknete nie aus. Selbst in der größten sommerlichen Dürre, wenn schon überall das kostbare Naß rationiert wurde, gab er getreu sein kühles, klares Wasser.
Dann kam die Zeit, wo alles modernisiert wurde. Das Haus wurde umgebaut; es wurde auch eine moderne Wasserleitung gelegt. Den alten Brunnen brauchte man nicht mehr. Er wurde verschlossen und versiegelt. So blieb es mehrere Jahre.
Eines Tages wollte ein Hausbewohner aus Neugierde noch einmal in die dunkle und feuchte Tiefe des Brunnens sehen. Er deckte den Brunnen ab und erschrak: Der Brunnen war total ausgetrocknet. Der Mann wollte herausbekommen, wie das geschehen konnte. Aber es dauerte lange, bis er den Grund wußte: Ein solcher Brunnen wird von Hunderten winziger Bäche gespeist, die unter der Erde für den ständigen Wasservorrat sorgen. Die winzigen Öffnungen der vielen Bächlein bleiben rein und offen, *wenn* immer wieder Wasser abgeschöpft wird. Wird ein solcher Brunnen aber nicht mehr benutzt, dann versiegen die Bäche. –
Unsere menschliche Seele ist wie dieser Brunnen. Was mit dem alten Brunnen passierte, kann auch mit den inneren Quellen geschehen, aus denen das Gute in uns gespeist wird. Wir werden innerlich trocken und tot, wenn wir unsere guten Kräfte nicht immer wieder benutzen und in Übung halten.

---

[8] Zuerst veröffentlicht in »Prediger und Katechet«, 3/1978.

Ähnlich ist es mit unserem Glauben an Gott. Er stirbt langsam in uns ab, wenn wir zu selten oder gar nicht mehr an Ihn denken. Die Worte Jesu, die wir in der Heiligen Schrift immer wieder erfahren können, sind das lebendige Wasser Gottes, das uns helfen will, überzeugend und schöpferisch Christ zu sein. Vielleicht reichen unsere Quellen aus, auch andere vom klaren Wasser unserer Güte kosten zu lassen[9].

6. Besuch von einem anderen Planeten oder: Können wir noch staunen?

Nehmen wir an, es gäbe Ufos. Vielleicht würde die Besatzung folgenden Bericht zu ihrem Heimatplaneten durchgeben:
Hallo, uns geht es gut! Ja, ich berichte: Kaum waren wir auf dem Planeten »Erde« gelandet, kamen viele Erdbewohner oder »Menschen« angelaufen. Zuerst sahen sie sich an unserem Raumschiff satt und wunderten sich und staunten. Dann zeigten sie uns ihre Flugmaschinen. Aber, entschuldigt, da war nicht viel Neues. Einiges ist bei uns längst aus der Mode. Das haben wir ihnen aber nicht gesagt, um sie nicht zu kränken.
Danach baten wir, einen Spaziergang machen zu dürfen. Wir wollten die Landschaft kennenlernen. Der Direktor der Raumfahrtbehörde übernahm die Führung. Und was jetzt geschah! Bitte, erklärt mich nicht zum Lügner! Ihr könnt es ja nachprüfen. Auf einer Wiese entdeckten wir etwas so Wunderschönes, daß wir lange kein Wort hervorbringen konnten. Wir fragten schließlich den Direktor, welcher Künstler das herrliche Kunstwerk da auf der Wiese geschaffen habe. Der wußte gar nicht, was wir meinten. Endlich hatte er verstanden. Da lachte er nur und sagte: »Ach, das ist ein Apfelbaum!« Wir erfuhren, daß er gar nicht von einem Erdbewohner gemacht worden ist, sondern einfach so aus der Erde herauswächst. Er war nicht höher als drei Meter, der Stamm nicht dicker als mein Arm, und doch war er über und über mit rosaroten Kugeln beladen, die aus dem Grün seiner Blätter hervorleuchteten. Ihr könnt euch die Schönheit nicht vorstellen, weil wir ja nur dürres Steppengras kennen. Dann ging der Direktor auf den Baum zu, um uns ein paar dieser rosaroten Kugeln herunterzuholen. Wir wollten ihn daran hindern, dieses Kunstwerk zu zerstören; er aber lachte nur und erklärte, alljährlich wüchsen von selbst neue »Äpfel«. Aber das war noch nicht alles. Man konnte die Früchte auch essen. Der zarte Duft und der köstliche, frische Geschmack sind unvorstellbar!
Wir beobachteten die Erdbewohner die ganze Zeit von der Seite. Der Anblick des Apfelbaumes ließ sie völlig ungerührt. Sie müssen mit solchen Wundern verwöhnt sein, wenn sie das für selbstverständlich halten und kaum noch bemerken. Sie leben mitten in einem Paradies mit Millionen solcher Wunder, aber ihre Augen sind blind dafür. Sie

[9] Nach John A. Sanford, Alles Leben ist innerlich, Olten 1974.

denken sich vielmehr in ihren Köpfen ganz andere vermeintliche Wunderdinge aus, von denen sie das Glück erwarten. Ich vermute aber, daß sie die auch für etwas Gewöhnliches halten, sobald sie sie haben. So befürchte ich, die Erdbewohner sind äußerst maßlos; sie stehen ihrem eigenen Glück im Wege. Ob wir auf die Dauer mit ihnen auskommen werden?[10] –

Soweit der Bericht der Ufo-Besatzung.

Die Erzählung will uns fragen: Haben wir noch Augen für die Schönheiten um uns herum? Sehen wir noch die Wunder am Wege? Sind unsere Wünsche maßlos geworden? Rennen wir am Glück, das vor der Tür liegt, vorbei?

Die Ferien, die jetzt beginnen, ja die Atempause eines jeden Sonntags, geben uns die Chance: Schau doch wirklich wieder hin! Reißt die unsichtbaren Häute von den Augen, die blind machen! Bohrt den unsichtbaren Dreck aus den Ohren heraus, der verhindert, dem anderen noch wirklich zuzuhören; der uns taub gemacht hat für den unhörbaren Ruf desjenigen, der vielleicht gleich – oder jetzt schon – neben dir sitzt.

Wer das Plätschern des Baches noch hören, das Atmen des Waldes noch wahrnehmen, die herrliche Welt der Berge noch sehen kann, der kann auch noch im Gesicht eines Menschen lesen und – hinter *allem* auf Gott stoßen.

7. Der Taumelkäfer

Es gibt so viel Wunderbares in der Natur! Zum Beispiel den Taumelkäfer. Sieben Millimeter ist er lang; ein schwarzbrauner Geselle. Er saust im Zickzack durch unsere Teiche und Seen. Er ist ein kleiner Räuber: er schiebt sich meistens an der Oberfläche des Wassers entlang, weil da die meisten Insekten zu fangen sind.

Das Besondere an ihm ist: er hat vier Augen! Lägen seine Augen nur über dem Wasser, würde er manches Tierchen auf dem Grund des Tümpels übersehen. Wären sie aber nur unter Wasser, so könnte er den Himmel nicht beobachten, wo so mancher Vogel auf ihn als Beute lauert. So hat er Augen, die zugleich in die Luft und ins Wasser sehen können: er hat Luft- und Wasseraugen. Und weil in seinem winzigen Gehirn alles gleichzeitig zusammenläuft, ist sein Sehen immer ein Ineinander und Beieinander von oben und unten, von Himmel und Tiefe[11]. –

Vier solcher Augen müßten auch wir haben: zwei, um zu sehen, was wirklich auf dieser Welt geschieht (und manchmal meint man ja, die Erde ist mit einem Tümpel zu vergleichen). Und die anderen zwei Augen sind die Augen des Glaubens, die den Kontakt nach »oben« halten, die uns den weiten, tieferen Blick vermitteln, mit dem Gott oder Jesus alles sieht. Und dann müssen wir nur noch mit diesen vier Augen *gleichzeitig* sehen:

---

[10] Nach H. Holthaus, Pressestimme vom Mond.

[11] Nach E. Rucker, Symbol-Geschichten, München 1975, S. 133f.

nicht nur den Freund, der schlecht von mir geredet hat, sondern auch die Frage, warum hat er das getan; habe ich den Mut, mit ihm darüber zu sprechen; was hindert mich, ihm zu verzeihen? – Dann sehe ich nicht nur die Krankheit, die mir so viel Zeit wegnimmt, sondern auch die Pause, in der mir Gott vielleicht etwas Wichtiges sagen will. – Dann sehe ich nicht nur den Tod, der mir einen lieben Menschen wegnimmt, sondern auch schon ein Stück der anderen Welt näherkommen, mit der Gott auf uns wartet.

> Man sieht nur mit dem Herzen gut,
> das Wesentliche ist für die Augen unsichtbar.
>
> *Antoine de Saint-Exupéry*

In meinen Büchern mit ähnlichen gesammelten Kurzgeschichten hat sich in kurzer Zeit ein breiter Leserkreis angesprochen gefühlt. Wenn Sie auch gerne mit solchen Kurzgeschichten arbeiten, dann finden Sie eine reiche Fundgrube in

Willi Hoffsümmer, *Kurzgeschichten 1,* 255 Kurzgeschichten für Gottesdienst, Schule und Gruppe, Grünewald/Mainz, 1988[10], und
Willi Hoffsümmer, *Kurzgeschichten 2,* 222 Kurzgeschichten für Gottesdienst, Schule und Gruppe, Grünewald/Mainz, 1988[6], und
Willi Hoffsümmer, *Kurzgeschichten 3,* 244 Kurzgeschichten für Gottesdienst, Schule und Gruppe, Grünewald/Mainz, 1988[3].
In diesen Büchern sind auch alle Geschichten systematisch eingefügt, die in meinen früheren Büchern wie »Starthilfen für dich« (in überarbeiteter Neuauflage als »Wir wagen den Glauben«) und in »Glaube trägt« als Kurzgeschichten vorkamen.
Im Herbst 1991 wird die Reihe der Kurzgeschichten mit einem vierten Band »233 Kurzgeschichten ...« fortgeführt.

Alle diese Geschichten haben einen Nachteil: Nach der z. T. spannenden Erzählung schalten die Zuhörer bei der »Anwendung« leicht ab. Darum im folgenden Kapitel der Versuch, bis zum »Amen« Darbietung und Anwendung in *einer* Erzählung zu vereinen.

II. Klaus-Monika-Predigten

Eine Gefahr bei eindrucksvollen Geschichten (s. Kapitel I) ist: In dem Moment, wo sie zu Ende sind und die Anwendung auf unsere heutige Situation versucht wird, schalten Kinder und Erwachsene ab. Darum der Versuch, aus dem Erfahrungsbereich der Kinder zu erzählen und dort theologische und andere Probleme unterzubringen. Dann können auch eindrucksvolle Geschichten eingewoben werden, aber die Rahmengeschichte geht weiter, und die Aufmerksamkeit der Zuhörer bleibt erhalten.
In der ersten Predigt dieser Art werden die beiden Kinder vorgestellt: »Ihr sollt heute zwei Kinder kennenlernen, von denen ich jetzt und auch später noch öfter erzählen will. Sie wohnen in Düsseldorf, aber nicht hier in unserer Pfarre. Es sind Geschwister: Monika ist 9 Jahre, Klaus 12 ...« Eine Lautsprecheranlage sollte vorhanden sein, denn Schreien, Flüstern, Seufzen ... gehören dazu. Und das wollen alle hören.

Drei solcher Predigten finden sich schon in meinem Buch *Wir freuen uns auf die Predigt* (S. 9–14). In diesem Stil erzählt auch ein ganzes Buch: *Starthilfen für dich. Geschichten durchs Kirchenjahr mit Klaus und Monika* (für 9–14jährige und deren Eltern gedacht).

1. Frieden stiften

Jesus sagt: »Wohl denen, die Frieden stiften, denn sie werden Söhne Gottes genannt werden« (Mt 5,9).
»Nun steh' endlich auf, Klaus«, ruft die Mutter schon zum dritten Mal und zieht das Kissen unter seinem Kopf weg. »Mensch, immer so früh in die doofe Schule!« Klaus ist ärgerlich. »Schrei nicht so laut, du machst ja Monika wach!« »Ja, so gut wie die möchte ich es auch mal haben«, ruft Klaus extra laut. Er ist mal wieder wütend: auf sich, auf Monika, auf die Mutter, auf die Schule. Ein »guter« Anfang! In der Küche ist auch schon dicke Luft. »Brauchst du nicht ›Guten Morgen‹ zu sagen, wenn du hier hereinkommst?« bemerkt Vater ärgerlich, und kurze Zeit später zur Mutter: »Das Ei ist zu weich gekocht, und das Salz fehlt auch auf dem Tisch!« Mutter: »Du siehst doch, daß ich alle Hände voll zu tun habe. So weit ist der Weg zum Küchenschrank auch nicht!« Vater ist beleidigt. Mutter fühlt sich im Recht. Wütende Stille. Es ist nicht schön zu Hause.
»Wohl denen, die Frieden stiften, denn ...«
Klaus poltert die Treppe hinunter. Er hört schon das Gehupe an der Ecke und läuft noch etwas schneller. »Sie Trottel«, schreit der eine Fahrer vor seinem zerbeulten Wagen, »haben Sie mich überhaupt nicht gesehen?« Der andere brüllt mit hochrotem Kopf zurück: »Und Sie wollen den Führerschein gemacht haben?« Die Autos hupen in beiden Richtungen. Aber keiner der beiden will nachgeben. Die Gesichter sind verzerrt vor Wut

und Erregung. Kein schöner Anblick. Klaus denkt: »Wie kindisch können doch Erwachsene sein.«
»Wohl denen, die Frieden stiften, denn ...«
Drei Minuten später. Klaus steht auf dem Schulhof in der Reihe. Sein Vordermann wird geschubst. Er fällt mit dem Kopf gegen Klaus' Kinn. Ein furchtbarer Schmerz. Heiß steigt der Jähzorn in Klaus hoch. Und obwohl der andere viel stärker ist, springt er auf ihn zu, schlägt ihm hart mit der Faust ins Gesicht. »Das wollte ich doch nicht«, schreit der andere wütend zurück, und auch er schlägt zu, kräftig, zu kräftig. Klaus steht da und krümmt sich vor Schmerz. Er ist ohnmächtig vor Zorn. Aber was will er machen? In der Stunde überlegt er. Er paßt gar nicht auf, was der Lehrer sagt. Er denkt: »Wie kann ich es dem Bernd heimzahlen? Ich könnte sein Heft zerreißen. Ich könnte seine Mappe mit Buntstiften stehlen und wegwerfen, seine Zeichnung vollklecksen.« Er ist voller Haß.
»Wohl denen, die Frieden stiften, denn ...«
Klaus verwirft den Plan, Bernds Heft zu zerreißen. Der kann sich doch denken, wer Wut auf ihn hat. Er wird ihn dann wieder schlagen. Es wird immer nur schlimmer, wie eine Kette ohne Ende. So geht es nicht. Plötzlich kommt ihm die Idee. Soll er das Gegenteil versuchen? Die Hand geben, um Verzeihung bitten, vergessen? Nein, dazu ist er zu stolz! Aber dann fielen ihm die Erwachsenen wieder ein: wie dumm waren sie ... Der Schmerz und die Wut lassen nach, und schließlich nimmt Klaus sich fest vor: gleich in der Pause zeige ich Bernd, daß ich alles vergessen will. – Der Gedanke macht ihm Freude. – Er lacht wieder. –
Jesus sagt: »Wohl denen, die Frieden stiften, denn ...«

2. Tiere in der Kirche?

(4. 10.: Franz von Assisi)

Wenn heute nicht Sonntag wäre und nicht Erntedankfest, dann würden wir heute einen großen Heiligen feiern. Ja, so einfach verrate ich euch den Namen nicht! Wir machen es in Quizform, so wie ein Steckbrief. Sobald ihr merkt, wen ich meine, hebt ihr die Hand. Also: es ist ein Heiliger, der in Italien lebte, so um 1200, also vor ungefähr 750 Jahren. Er liebte besonders die Tiere und die Pflanzen. Es wird berichtet: Wenn er über eine Wiese ging, dann habe er auch den Blumen gepredigt oder den Vögeln. Einem bösen Wolf hat er mal gehörig die Meinung gesagt! Weil er so sehr die Tiere liebte, haben ihn die Tierschutzvereine zum Schutzpatron genommen. Er hat auch einen Orden gegründet. Heute noch können dir Mönche in ihren braunen Kutten begegnen ...
(Franz von Assisi ... Die nicht aufzeigen, brauchen sich nicht zu schämen. Schaut mal herum: es zeigt auch keiner der Erwachsenen auf!)
Ja, das war der letzte Beweis, den Monika anführte, um sich für zu Hause ein Tier anschaffen zu können: »Franziskus hat auch gesagt, alle Tiere sind Geschöpfe Gottes. Und sie sind dazu da, um uns Freude zu machen!« Die ganze Geschichte fing so an: Eines Tages brachte Monika ein Vögelchen mit nach Hause, das aus dem Nest gefallen war. Sein

Herzchen klopfte bis zum Hals, ängstlich irrten die kleinen Augen hin und her, und vor lauter Aufregung ließ es natürlich auch gleich was aufs saubere Tischtuch fallen. Aber das störte keinen. Mutter holte Brotkrümelchen, Vater grub in den Balkonkästen nach einem Regenwurm, einer brachte sogar ein Blättchen Salat. Schließlich lag so viel herum, daß ein großes Huhn davon satt werden konnte.
Aber es kam, wie es dann meistens kommt: am anderen Morgen lag das Vögelchen tot da. Familientrauer. Besonders Monika war nicht zu trösten. Abends hatte sie sich wieder etwas erholt, und verhältnismäßig trotzig meinte sie: »Eigentlich könnten wir uns auch was Lebendiges für die Wohnung anschaffen. Die Gaby hat einen Hamster, der Gerd eine Schildkröte, die Helga zwei Meerschweinchen und die Martina einen Kanarienvogel. Nur wir, wir haben nichts, bis auf diese lästigen Fliegen!« Dabei machte sie ein sehr leidendes Gesicht. Der Vater zündete sich umständlich seine Pfeife an: »Wie oft habe ich euch schon gesagt, was *die anderen* tun, interessiert uns gar nicht. Benutzt nicht immer wieder die anderen, um uns das Messer auf die Brust zu setzen. – Und außerdem: Ihr meint immer, diese Tiere fühlten sich bei euch wohl. Diese Tiere sind draußen in der Natur zu Hause, und nur da fühlen sie sich wohl! Alles andere ist fast Tierquälerei. Und wenn ich das sehe: Da wird Geld rausgeschmissen für Whiskas und Latz-Hundefutter, so gutes Fleisch, daß in Indien oder sonstwo den Kindern das Wasser im Munde zusammenlaufen würde. Und dann, womöglich, wenn es ein Hund ist, müßten wir auch noch Geld für einen Hundesalon ausgeben und ihm später noch ein Grab auf einem Hundefriedhof kaufen!? Nein, da mache ich nicht mit!
Laßt die Leute dafür Geld ausgeben, die keine Kinder haben. Nein, und damit basta!« Zum Schluß hat Vater sehr bestimmt gesprochen und ein entschlossenes Gesicht dabei gemacht.
Klaus läßt nicht locker: »Vater, du machst einen Fehler! Du sagst uns immer, wir sollten dann erst ein Urteil fällen, wenn wir beide Seiten gehört hätten. Es gibt auch eine positive Seite: Sieh mal, wieviel Freude macht der Frau Kunze nebenan ihr Hund. Einmal hat sie gesagt: ›Er ist der einzige, der mich versteht.‹ Und sie redet immer mit ihm, weil sie sonst keinen hat, der ihr zuhört. Und außerdem habe ich mal gehört, daß Leute, die Tiere gut behandeln, gute Menschen sind, und du wirst sehn – und dabei legt er seinen Arm um Vaters Hals –, wenn wir einen Hamster oder sowas haben, was für gute Kinder du hast!«
Aber jetzt protestiert die Mutter: »Ich hab' nur den Dreck! Ich weiß doch, wie das geht: Acht Tage habt ihr Spaß, und dann muß ich die Fische füttern oder den Käfig säubern. Nein, ich halte nichts davon.«
Wie die Diskussion ausgegangen ist, will ich nicht verraten. Sonst rufen morgen erboste Eltern an und sagen: »Da haben Sie wieder was gemacht, Herr Kaplan. Jetzt will meine Tochter auch so was Verrücktes haben!« Jedenfalls zuletzt versuchte es Monika mit dem heiligen Franz von Assisi, als sie sagte: »Alle Tiere sind für uns da, und sie sollen uns Freude machen. Warum läßt du es dann nicht zu? Ich habe mal gelesen, wenn Tiere schon so schön sind, wie schön muß dann erst ihr Schöpfer sein!«
Ich mache euch einen Vorschlag: Viele von euch haben zu Hause ein Tier. Morgen um 16

Uhr kommt ihr damit zur Kirche. Wer keines hat, darf gucken kommen. Aber bitte, alle Esel zu Hause lassen, auch das Pferd, das einer mitbringen wollte. Die sind zu groß. Und warum sollt ihr mit euren Tieren in die Kirche kommen? Vielleicht denkt jetzt jemand von den Großen: »Die will er doch wohl nicht segnen?« Ja, warum denn nicht!? Wenn wir die Früchte des Feldes segnen und selbst Autos und dabei erinnert werden: geht damit verantwortungsvoll um, ja, warum sollen wir dann nicht auch Tiere segnen, die Gott uns zu unserer Freude gegeben hat und mit denen wir verantwortungsvoll umgehen sollen? –

Diese Predigt zeigt schon, daß die Klaus-Monika-Erzählform auch auf alle Sonderthemen, wie sie sich manchmal zu sonntäglichen Anlässen ergeben, anwendbar ist. Dazu das nächste Beispiel:

3. Religion – Goldrahmen für Taufe, Hochzeit, Tod?

(Mitbringen: Kerze, Leuchter, Kessel)

Evangelium: Ihr seid das Licht der Welt... (Mt 5,14–16)
(Nach dem Evangelium:) Jetzt könnt ihr es mir sicher sagen: Einer, der Jesus nachfolgt, ein Christ, soll sein wie eine solche Kerze: er soll leuchten! Darum stelle ich die Kerze auf einen Leuchter. Ein Kessel – darüber gestülpt – nimmt diese Leuchtkraft. Der Kessel kann bedeuten: Jesus nicht nachfolgen – die Verbindung mit ihm abbrechen – gleichgültig werden oder immer nur ›ich‹ sagen. Alle Sakramente, zum Beispiel gleich die heilige Kommunion, sind Hilfen, damit diese Flamme immer kräftiger leuchtet.
Am Weißen Sonntag war Monika zu einer Kinderkommunion eingeladen gewesen. Es waren auch Fotos gemacht worden, und gestern saß Monika vor ihrem Fotoalbum und klebte ein Bild ein. Sie fand sich gar nicht schön auf diesem Bild, aber alle hatten gesagt: »Da bist du aber nett getroffen.« Und weil Monika ein bißchen eitel ist – wie alle kleinen Mädchen – (und auch größere – und auch Jungen?), wollte sie es jetzt ins Album einkleben. Dabei dachte sie an das Kommunionkind von nebenan.
»Mutter«, sagte sie, »die Heike von nebenan geht jetzt schon nicht mehr sonntags in die Kirche. Naja, vorher hat sie es ja auch nicht getan. Und am Kommuniontag so viele Gäste und ein Getue und ein Spektakel bis tief in die Nacht hinein! Das ist doch eigentlich traurig.« »Du hast recht«, gab die Mutter zur Antwort, »das ist eben für die nur ein Fest, an dem die ganze Verwandtschaft mal zusammenkommt. Wahrscheinlich ist Heike auch deshalb nur getauft worden, um keine Unannehmlichkeiten zu bekommen oder hinter anderen zurückstehen zu müssen.«
Der Vater machte sich bemerkbar: »Wollt ihr der Heike einen Vorwurf machen? Die Eltern sind nicht religiös, die Großeltern waren es auch nicht, wie soll das Kind es sein?«
Klaus: »Da hat uns der Kaplan in der Schule mal was erzählt: Eine alte Frau wollte in die Kirche zurückkehren. Der Kaplan ist hingegangen und hat gefragt, warum sie denn

ausgetreten sei. ›Ja, während der Zeit der großen Arbeitslosigkeit (30er Jahre) habe ihr Mann Geld sparen wollen, und da seien sie eben wegen der Kirchensteuer ausgetreten. Aber jetzt sehne sie sich wieder zurück.‹ Gut, der Kaplan hat sie auch wieder in die Kirche aufgenommen, und als er ihr dann an der Tür die Hand gab, hat sie erleichtert gesagt: ›Jetzt bin ich aber froh, daß ich wieder in der Kirche bin. Nun weiß ich wenigstens, daß ich mal nicht wie ein Hund verscharrt werde, sondern ein Geistlicher mitgeht.« »Mensch, wenn ich das höre!« Der Vater war wütend: »Da sollte man doch dreinschlagen. Da ist doch vorn und hinten nichts los. Das hat Jesus doch sicher nicht gewollt. Der Kaplan sollte rabiater sein und einfach sagen: ›Aus dem Grund nehme ich sie nicht auf.‹ Oder: ›Das Kind geht nicht mit zur Kommunion!‹«

»Ja, da hast du recht«, sagte Mutter, »manchmal denke ich das auch. Aber dann denke ich auch wieder: Wenn diese Menschen gar nicht wissen oder wissen wollen, worum es geht, dann verstehen sie sicher auch nicht, wenn der Priester so etwas verweigert. Im Gegenteil, das ist doch für sie nur ein guter Grund, der ganzen Kirche und vielleicht auch Gott den Rücken zu kehren, und nicht nur für sie, sondern meistens auch für die ganze Verwandtschaft. Und wer von uns weiß, ob Gott mit ihnen dann nicht doch etwas vorhat, auch wenn sie nur ganz selten in die Kirche kommen!?«

»Ja«, meldete sich Monika, »so ähnlich hat es auch der Herr Pastor gesagt: Jesus sei jedem Verirrten nachgegangen. Der Hirt habe sogar 99 Schafe stehen lassen, um eines zu suchen. Und einen Satz mußten wir sogar auswendig lernen, ich kenne ihn noch! Er heißt: Er löscht den glimmenden Docht nicht aus und bricht das geknickte Rohr nicht ab.« (Langsam wiederholen: Er löscht den glimmenden Docht nicht aus...) »Und außerdem«, fuhr Monika fort, »wenn die Kirche so radikal vorginge, wären die Kirchen bald leer.« »Ach, das sind sie doch sowieso bald«, meinte Klaus, »ich habe ja jetzt schon Angst, in der Klasse zu sagen, daß ich noch sonntags in die Kirche gehe. Angst deshalb, weil nur noch so wenige in meinem Alter gehen!«

Da haben wir es wieder, Jungen und Mädchen! Wenn ich Klaus morgen oder übermorgen treffe, werde ich ihm sagen: Wir müssen uns bald auf kleinere Zahlen einstellen. Aber auf Zahlen kommt es doch gar nicht an! Und das werde ich ihm so klarmachen: »Klaus«, werde ich sagen, »stell dir vor, die Kirche ist stockdunkel und 149 Christen sind darin, die nicht mehr leuchten, also nicht mehr sehr mit Christus verbunden sind (also alle so: Kessel über die Kerze stülpen), und nur ein einziger überzeugter Christ leuchtet, nur ein einziger unter diesen huntertfünfzig. Der ist doch viel mehr wert als die hundertneunundvierzig, weil sein Licht die Dunkelheit heller macht! An dem kann man sich orientieren.«

Zum Schluß habe ich noch eine kleine Frage an euch, eine ganz kleine: Welche Christen sind wir? Solche – solche – oder solche? (Entsprechend den Kessel halten!)

4. Juden – auserwählt oder verworfen?

Da ist eine ziemlich traurige Sache: Es war vor ungefähr 14 Tagen. Die Großmutter stand am Küchentisch und überflog die Tageszeitung. »Nein«, meinte sie, »wenn man liest, was heute alles geschieht, dann kann man Angst kriegen. Die Zeiten werden doch immer schlimmer!« Da protestierte Klaus: »Ach, die bildet ihr euch nur ein, die gute alte Zeit! Früher war es genauso schlimm.« Und er schaute herausfordernd auf den Vater: »Soll ich es beweisen?« Als der Vater nickte, ging Klaus zum Schrank, holte die Zeitung vom vorigen Tag heraus, blätterte kurz, und dann las er vor: »Vor 40 Jahren in Düsseldorf! Von einer johlenden Menschenmenge wurden Juden erschlagen, mit Steinen beworfen, ohnmächtig getreten. Möbel wurden zu Kleinholz gehackt und aus den Fenstern geworfen. Das jüdische Gotteshaus, die Synagoge, brannte. Neun Tote wurden gezählt – die nicht gerechnet, die sich in ihrer Verzweiflung das Leben nahmen. Aber das alles war nur der Anfang!« Klaus legte die Zeitung weg. »War das nicht noch schlimmer?« Die Großmutter sagte nichts. Der Vater schaute weg. Er dachte, wie unangenehm können doch die Kinder fragen. Aber Klaus ließ nicht locker: »Die auf solchen Straßen zugeschaut haben, als man über diese Menschen hergefallen ist, haben die sich nicht auch mitschuldig gemacht, weil sie geschwiegen haben?« Jetzt wurde der Vater böse: »Ach, ihr habt heute gut reden! Wie soll man als einzelner gegen eine Masse ankommen? Wie war das noch kürzlich? Du hast doch auch dabeigestanden, als der kleine Italiener von nebenan von einer Horde verprügelt wurde, nur weil er Ausländer, also irgendwie anders ist. Da hast du auch nichts dagegen unternommen!« Darauf konnte Klaus nichts sagen.
In die Stille hinein fragte Monika: »Ja, warum hat man denn diese Menschen, die Juden, verfolgt?« »Es gibt viele Gründe, einer steht in der Bibel«, sagte die Großmutter langsam. »Ich weiß schon«, rief Monika, »weil die Juden Jesus ans Kreuz geschlagen haben!« »Ach, das ist doch Unsinn, was du sagst«, ereiferte sich Klaus, »alle Menschen haben Jesus getötet, alle, die sündigen. Wenn Jesus in Ägypten oder Deutschland geboren worden wäre, hätte die Bevölkerung ihn auch getötet. Das haben wir schon ein paarmal im Religionsunterricht durchgekaut.«
»Und man darf dabei nicht vergessen«, meldete sich der Vater, »Jesus selbst ist ein Jude, Maria eine Jüdin, die zwölf Apostel, die Propheten, David, Mose, Abraham, fast alle Personen in der Bibel sind Juden gewesen! Wir müssen ihnen dankbar sein, daß uns durch sie die Botschaft von Gott gegeben wurde!« Klaus: »Aber weil viele Juden die Botschaft von Christus ablehnten, hat Gott sie verworfen, und darum werden sie überall verfolgt und getötet!« »Das stimmt nicht«, schüttelte der Vater den Kopf, »wenn du das Alte Testament liest, stellst du fest, daß die Israeliten schon damals immer wieder vertrieben, verschleppt und getötet wurden, zu allen Zeiten. Und das ist ein Wunder: Trotz alledem gibt es die Juden immer noch, und zwar weil sie den Glauben an den einen Gott nicht loslassen und immer noch auf Christus, auf den Messias warten.«
»Großmutter«, sagte Klaus ganz traurig und nachdenklich, »du hast doch gesagt, wenn Eltern ihre Kinder schlagen und mit ihnen viel schimpfen, dann würden deren Kinder

von denen auch wieder geschlagen? Daraus könnte man folgern: Wenn im letzten Krieg 6 Millionen Juden (ungefähr zehnmal soviel, wie Düsseldorf Einwohner hat) erschossen und vergast wurden, werden *wir* nicht einmal diese Schuld, die zum Himmel schreit, an unserem eigenen Leibe zu spüren bekommen?« »Du hast vielleicht recht, Klaus«, nickte die Großmutter, und sie wunderte sich, wie Klaus zu dieser Frage kommt. Sie schaute nachdenklich auf ihre Hände, »aber vergiß nicht, zwei Drittel der Menschen, die das damals »schuld« waren, leben schon nicht mehr. Die Juden haben vergeben – wenn sie auch nicht vergessen können. Warum soll dann Gott nicht auch vergeben haben?«

Das gleiche Prinzip der durchgehenden Erzählung habe ich einige Male in einer *Erwachsenenmesse* (mit vielen Jugendlichen) aufzugreifen versucht. Ob die Versuche gelungen sind, überlasse ich dem Urteil des Lesers. Eines kann jedenfalls gesagt werden: es wurde sehr gut zugehört.
Bei diesen Versuchen war Rogé als etwa 17jähriger Jugendlicher und Ria als 15jähriger Teenager eingestuft.

5. Glaubst du an die Auferstehung?

Es ging ganz schnell. Ria kommt aus der Kirche, setzt sich hin und sagt: »Mutter, glaubst du wirklich daran, daß Jesus auferstanden ist und jetzt auch noch lebt? Glaubst *du* daran?« Die Mutter denkt: »Hilfe – was soll ich sagen?« Sie sagt: »Warum willst du das wissen?« »Nein, Mutter«, sagt Ria, »jetzt willst du mir ausweichen. Ich möchte eine klare Antwort! Glaubst du?« Die Mutter überlegt. Dann sagt sie: »Ja.« »Und warum glaubst du?« will Ria wissen. Mutter: »Das hab' ich noch nicht so genau überlegt. Vielleicht – weil meine Mutter so felsenfest davon überzeugt war. Es ist eine unendliche Kette, von Generation zu Generation zurückzuverfolgen – vielleicht bis hin zu den Jüngern –, und zwar immer da, wo der Auferstehungsglaube mit Überzeugung weitergegeben wurde. Jedenfalls muß am Anfang eine Gruppe gestanden haben, die wirklich davon überzeugt war!«
Ria meint dazu: »Manchmal meine ich, ich könnte nicht mehr daran glauben. Doch wenn ich mit der Gruppe zusammen bin, dann fällt es mir viel leichter. Ich brauche eine Gemeinschaft dazu. Aber dann verließ uns Gerd, dann die Lisa und kürzlich noch die Sabine; wenn ich daran denke, fällt mir alles wieder schwerer.« (Es kommt doch sehr auf den Umgang an, den man hat.)
Die Mutter hat sich an den Tisch gesetzt. Sie spürt, jetzt muß sie Zeit haben für dieses Gespräch. Sie sagt: »Vor zwei Jahren, als meine Freundin plötzlich starb und der Tod wie eine Mauer vor uns stand – wir konnten es einfach nicht begreifen –, da hat mir dieser Glaube große Kraft gegeben. Der Glaube: sie ist nicht endgültig von mir getrennt; ich werde sie wiedersehen. Wenn es diesen Glauben nicht gäbe, dann müßte man ihn noch erfinden!« Da meldet sich Rogé: »Das ist es ja. Das führen die anderen gerade an: die

fromme Phantasie, ein Wunschdenken in auswegloser Situation hat diesen Glauben geschaffen. Aber es ist, wie gesagt, nur fromme Phantasie.« Ria schaut ihn von der Seite an: »Wie ist es denn: glaubst *du*?« Rogé: »Ach, darüber hab' ich noch nicht so nachgedacht. Außerdem ist das eine ganz persönliche Sache.« Ria: »Nee, jetzt versteckst du dich nur wieder hinter so einer Redewendung.«
Bevor die beiden sich jetzt wieder in die Haare geraten, geht die Mutter dazwischen: »Ich kann mich an eine Predigt erinnern, die etwas weiterhelfen kann. Da sagte der Pastor: ›Mit dem Glauben ist es wie bei einem Fallschirmspringer. Du mußt den Mut haben, dich fallen zu lassen. Dann spürst du auf einmal, wie der Schirm dich trägt. Wir erwarten immer, schon beim Absprung müßte uns der Glaube tragen. Aber erst etwas später trägt er. Bis wir schließlich landen. In keiner Situation des Lebens braucht man mehr Angst zu haben. Selbst wenn man nach einem Unfall verkrüppelt ist, auch dann gibt es noch einen Sinn fürs Leben.« Ria: »Gerade wenn ich mich mit welchen aus der Klasse darüber unterhalte, dann spüre ich: so denken zu können, ist ein Geschenk. Andere verstehen das überhaupt nicht; die haben keine Antenne dafür. Glauben können ist ein Geschenk.«
Die Mutter ist nicht ganz damit einverstanden: »Das ist zu einseitig. Der Glaube fällt uns nicht in den Schoß, man muß sich um ihn bemühen.«
Der Vater kommt vom Frühschoppen nach Hause und schaut auf die Uhr. »Wie – noch nicht gedeckt? Da ist man pünktlich wie die Uhr, um das sonntägliche Gezetere nicht zu hören und den Familienfrieden zu erhalten, und dann ...«, entfährt es ihm. Darauf die Mutter: »Ja, wir haben etwas Wichtiges besprochen. Und wenn die Flimmerkiste abends mal Fußball überträgt, werfen wir ja auch schon mal die Gewohnheiten um. Also ganz ruhig, mein Lieber!« Ria zum Vater: »Aber du kannst ja auch mal *deine* Meinung äußern: Glaubst du, daß Jesus wirklich auferstanden ist und es nach dem Tode noch weitergeht?« Indem der Vater seinen Rock auszieht, meint er: »Da werde ich im Büro ganz schön belächelt, wenn ich davon den Mund auftue.« Ria: »Du verstehst mich nicht ganz: ich will nicht wissen, was die im Büro glauben, nein, was glaubst *du*?« »Ach, ich weiß es nicht. Habt ihr nichts Besseres am Sonntag zu besprechen ...?« Rogé hat aufgeschaut und beobachtet den Vater genau. Er denkt: »Wenn der Lehrer in der Schule damit recht hat, daß wir im Leben mit unseren Ansichten den Eltern ausgeliefert sind, dann weiß ich jetzt auch, warum ich in diesem Punkt keinen festen Glauben habe.«
Ria ist da anders. Sie steht auf, um die Teller auf den Tisch zu stellen und sagt sich: »Ach Gott, gib, daß ich mich um das Geschenk des Glaubens selber mehr bemühe (und dabei fällt ihr wieder der Fallschirmspringer ein) und laß mich den Absprung wagen!«

Evangelium: ein Auferstehungsbericht (Mk 16,1–8 par).

6. Wozu leben wir?

Ria legt das Programmheft zur Seite und sagt: »Hast du schon von der Gerda gehört, Mutter? 14 Jahre und schon zwei Selbstmordversuche hinter sich! Und dabei hatte sie alles: konnte reiten, segeln, die letzte Garderobe...« Mutter: »Ich kann es mir denken: Die Eltern hatten keine Zeit, mußten sich fürs Geschäft krummlegen, und mit Geld ist Liebe eben nicht zu ersetzen.« – Und dann kommt es ganz plötzlich. Ria sagt: »Mit 18 Jahren will ich hier auch ausziehen!« Der Mutter fallen fast die Augen aus dem Gesicht – sie weiß zwar, sie sollte kein Entsetzen zeigen, aber das war ein zu starker Tobak. »Aber wieso denn?« Es klingt gequält. Ria holt aus: »Wieso? Es gefällt mir hier nicht mehr, vor allem die Atmosphäre: Wenn Vater nach Hause kommt, ist er für keinen zu sprechen. Und ihr zwei seid euch so egal, ihr habt euch doch nichts mehr zu sagen außer den Preisen und wo es was billiger gibt. Oder habe ich in den letzten Jahren schon mal ein Zeichen der Liebe bei euch gesehen? Warum schämt ihr euch eigentlich, euch mal einen Kuß zu geben, wenn wir dabei sind?« Die Mutter preßt die Lippen zusammen und sagt gar nichts. Sie denkt: »Da hat man sich für euch krummgelegt, jeden Tag, und dann sowas!« Sie sagt: »Ja, wollt ihr denn hier im Wohnzimmer auf Coca-Cola-Kisten sitzen – *aber* wir unterhalten uns miteinander?«

Ria: »Ach Mutter, das wäre mir egal, wie es hier aussieht. Du weißt ja von meinem Zimmer, daß ich mich in der größten Unordnung am wohlsten fühle. Ihr habt euch doch nicht unsretwegen so gut eingerichtet: nur der Leute wegen, und damit jeder Besuch sieht, die haben es top-fein! – Mir sind andere Dinge wichtiger: die Atmosphäre hier; oder mal darüber reden, weshalb wir alle so verrückt arbeiten, oder – was macht mich wirklich innerlich zufrieden?«

»Rogé«, fragt die Mutter, »willst du auch bald ausziehen?« Rogé rutscht verlegen hin und her: »Fragst du aber direkt!« Und dann sagt er: »Nee, ich bleibe hier. Ich finde es hier ganz gemütlich.« Und er denkt: »Warum auch? Hier habe ich einen vollen Kühlschrank; ich kann eine Menge Geld sparen, und bei Ärger, na, bei Ärger schalte ich eben auf Durchzug!«

Mittlerweile hat Mutter sich etwas gefaßt: »Nun hör mal, Ria! Du sprichst von Atmosphäre. Was tragt ihr denn dazu bei? Ihr laßt mich arbeiten bis an den Rand der Erschöpfung. Wer packt denn mal freiwillig an? Wenn's darum geht, hast du deine Schule, du dein Training, du die Pfarre. Ihr nehmt alles als Selbstverständlichkeit. Etwas mehr Hilfe, und ich könnte auch Hobbys nachgehen, wie Schwimmen, Töpfern. Dann würde ich auch innerlich freier, könnte mehr ausstrahlen!« Und es geht ihr durch den Kopf: »Ja, da ist der Fehler: ich nicke ja auch immer, wenn ich zum Arbeitstier für alle gemacht werde.«

Ria schaut der Mutter ins Gesicht: es ist um Jahre gealtert.

Abends vor dem Einschlafen denkt Ria: »Ich habe etwas falsch gemacht. Es ist schon wahr, was ich gesagt habe, aber ich habe die Wahrheit ohne Liebe gesagt.« – Rogé denkt: »Ich habe etwas falsch gemacht: ich denke fast immer nur an mich.«

Und die Mutter sagt vor dem Einschlafen zum Vater: »Wir haben etwas falsch gemacht: wir haben uns zu sehr aufgerieben, nur – an der falschen Stelle! Wir hätten den beiden mehr Steine im Weg liegen lassen sollen. Wir mußten ihnen, von der Schule mal abgesehen, mehr abverlangen. Und über das Abrackern und Anschaffen haben wir das Wesentliche vergessen, nämlich darüber zu sprechen: warum das alles?« Sie legt ihren Arm auf seinen, und beide denken nach. –
Drei Sätze von Ria will ich zum Schluß wiederholen. Sie sagte: Mir sind andere Dinge wichtiger, z. B. die Atmosphäre hier, oder mal darüber reden: Warum arbeiten wir alle wie verrückt? Was macht mich wirklich innerlich zufrieden? – Der letzte Satz war zugleich die religiöse Frage – in dieser christlichen Familie.

Evangelium als Weiterführung: Mt 6,19–34: Von den falschen und den rechten Sorgen; Mt 19,16–26: Vom Reichtum und der Nachfolge; Lk 9,23–26: Von der Nachfolge und der Selbstverleugnung; Lk 12,16–21: Das Gleichnis vom törichten Reichen.

III. Puppenspiele mit Ralph und Helga

Schon in *Wir freuen uns auf die Predigt* (S. 15–18) habe ich dazu ausführlich Informationen gegeben und Aufbau, Schwierigkeiten und Erfahrungen geschildert. Darauf möchte ich jetzt nur verweisen. Um möglichst schnell neue Beispiele auszuführen, sei nur noch einmal der Aufbau eines solchen Kleinkindergottesdienstes für Drei- bis Siebenjährige *mit deren Eltern* skizziert:

- Einüben von Liedrufen
- Anziehen der liturgischen Gewänder (vor aller Augen)
- Beginn: »Im Namen...«
- Liedruf (meistens Refrain der Lieder, die auch im Familiengottesdienst gesungen werden)
- Gebet
- Puppenspiel (als Predigt)
- Evangelium (meistens als Weiterführung – von Kerzen umrahmt)
- Liedruf (zwischen den Fürbitten)
- Möglichkeit zum Zeichnen, oder die Teilnehmer können zum Gottesdienst der anderen in die Kirche gehen.

Neue Beispiele[1]

Wie immer beginnt *EF* (= die Erzählfigur) die Szene, auch wenn es hier nicht jedesmal ausgeführt ist. Wie immer soll das Spielerteam auch Parallelen zu Erwachsenen aufzeigen. Mitunter sind die Dialoge nur in Stichworten angegeben. Am Anfang und Ende steht die Erkennungsmelodie: »Wir bringen Frieden für alle...!« (vgl. *Wir freuen uns auf die Predigt*, S. 115).
Achtung: Oft bringt es mehr, aus den vielen Gedanken in den Vorschlägen nur *einen* ganz auszuspielen!

1. Ich glaube nur an das, was ich sehen kann!

Unser Glaube an den unsichtbaren Gott

Szene zu Hause: Ralph hat seinen Freund Dirk zum Mittagessen mitgebracht. Wie üblich wird vor dem Essen gebetet. Helga beobachtet, daß Dirk dabei blöde lacht. Sie spricht ihn nach dem Gebet an, warum er gelacht habe, und Dirk antwortet: »Ich glaube nicht an Gott; ich glaube nur an das, was ich sehen kann.«

---

[1] Oft nach: R. Krenzer/A. Pokrandt/R. Rogge (Hg.), Kurze Geschichten zum Vorlesen und Nacherzählen im Religionsunterricht, Lahr/München 1975.

Der Vater kommt Ralph zu Hilfe und fragt: »Dirk, siehst du hier im Raum Musik?« »Nein«, sagt Dirk. Vater: »Ich weiß aber, daß Musik hier im Raum ist. Soll ich es dir zeigen?« Er steht auf, nimmt ein Transistorradiogerät, drückt auf den Knopf, und alle können diese Musik hören. »Siehst du, Dirk«, sagt der Vater, »man muß nur das richtige Gerät haben, um die Musik hörbar zu machen. Vom Fernsehen weißt du es ja auch: Hier im Raum sind Bilder, die das Fernsehgerät sichtbar machen kann. Oder der Wassertropfen hier! Du kannst nachher mal einen Wassertropfen durch Ralphs Mikroskop betrachten! Da findest du viele winzige Tierchen drin, die du mit dem bloßen Auge gar nicht sehen kannst.«

Oder die Mutter sagt: »Dirk, du siehst, daß Helga neben Ralph sitzt. Kannst du auch sehen, ob sie gut oder häßlich voneinander denken? Ich glaube also, es gibt Dinge, die man nicht sehen kann.«

EF fragt die Kinder, ob ihnen das auch schon irgenwo begegnet ist, daß einer sagt: »Ich glaube nur an das, was ich sehen und hören und messen kann.«

Zurück zur Szene in der Familie: Dirk ist nach Hause gegangen, und Ralph und Helga fragen die Eltern: »Warum sagt Dirk so etwas?« Die Eltern geben zur Antwort: »Dirk redet wahrscheinlich nur nach, was er zu Hause gehört hat.« Die Kinder fragen weiter: »Was sollen wir denn diesen Jungen und Mädchen sagen? In der Klasse kommt das auch schon einmal vor!«

Antwort der Eltern: »So ähnlich wie eben: Der Vergleich mit der Musik hier im Raum, mit dem Wassertropfen ...«

Und der Vater hat noch folgende Idee: »Gott wird oft mit der Sonne verglichen. Auch wenn wir nur Regen und Wolken sehen, die Sonne ist da!« »O ja«, ruft Ralph, »als wir damals in den Urlaub geflogen sind, da waren ja unter dem Flugzeug dicke Wolken, und unter uns hat es sicher geregnet, aber wir flogen im hellen Sonnenlicht!« »Ja«, sagt der Vater, »so mein ich das; Gott meint es gut mit uns, auch wenn du ihn nicht sehen kannst. Vergiß es nie: Gott hat uns gern, auch wenn es jetzt hier ›regnet‹, d. h. wenn uns schon mal etwas Trauriges begegnet; die Sonne scheint auch dann.« –

Das Puppenspiel-Team kann auch aus folgendem Gedicht *eine* Zeile als Grundlage für dieses Spiel nehmen, indem es eben diese Situation ganz ausspielt:

Was wir nicht zählen und messen können:
Wieviel Liebe in einem Kuß liegt;
wieviel Angst einer hat, wenn er allein ist;
was ein gutes Wort wiegt;
wie teuer ein guter Freund ist;
wie schwer es ist, wenn uns keiner mag;
wie tief uns eine Lüge verletzen kann;
wie groß Freude sein kann[2].

---

[2] G. Weber, in: D. Steinwede/S. Ruprecht (Hg.), Vorlesebuch Religion 2, Lahr/Göttingen/Köln 1973, S. 208.

Auch kann man dem Gedanken nachgehen:
Wo ist Gott – wo ist er eigentlich nicht?
Gott ist überall da, wo du und andere das Gute wirken lassen...

Evangelium: Stellen aus dem *Vater unser* »übersetzt«: Jesus hat uns einmal gezeigt, wie wir zum Vater im Himmel sprechen sollen: Unser Vater im Himmel, das heißt: Vater, du bist überall. Geheiligt werde dein Name: Du bist der Wichtigste in dieser Welt. Gib, daß alle Menschen an dich glauben. Was du willst, soll geschehen in der Welt, die wir sehen können, und auch in der Welt, die wir nicht sehen können. Gib uns weiterhin, was wir täglich zum Leben brauchen... (Mt 6,9–13)

Zeichne: Eine Sonne über den Wolken, die regnen. Darunter Menschen, die die Hände falten und beten. – Oder: Ralph und Helga und Dirk am Tisch beim Tischgebet.

2. Gott hört uns doch nicht

Vom Bittgebet

Ralph bedrängt die Mutter: Er will eine Schallplatte kaufen (oder einen Fotoapparat). Ralph quält. Die Mutter bleibt hart, sie sagt nein. Sie hat ihre Gründe...
Helga kommt nach Hause und erzählt: »Du weißt doch, Mutter, vorige Woche ist doch das kleine Mädchen von nebenan gestorben, und eben stand die Mutter unten vor der Tür und erzählte einer anderen Frau, wie sie Gott gebeten hat, daß das Kind nicht sterben soll. Aber jetzt wolle sie nie mehr beten, denn Gott gäbe es doch nicht; er habe ja nicht auf sie gehört. Was sagst du dazu?« Die Mutter: »Doch, Gott hat das schon gehört. Er hat nur zur Bitte der Mutter ›nein‹ gesagt, so wie ich eben ›nein‹ gesagt habe, als Ralph etwas kaufen wollte.«
EF: Hat Gott bei euch auch schon einmal ›nein‹ gesagt...? (Zwiegespräch mit Kindern) Ich glaube, das geht auch gar nicht anders: was meint ihr, wenn Gott alle unsere Wünsche erfüllen würde?« (*EF* weg)
Ralph und Helga stürmen herein: »Komm, wir spielen einmal ›wenn Gott alle unsere Wünsche erfüllen würde‹.« Helga: »Ich hätte gerne, daß ich in der Schule nicht mehr lernen muß.«
Ralph: »Ich würde Gott bitten, laß die Eltern im Toto und Lotto gewinnen, dann gehen wir immer auf Weltreise.«
Helga: »Gott soll uns immer am Leben lassen!«
Ralph: »Das ist doch nicht richtig, dann stirbt doch keiner mehr.«
Helga: »Manchmal, wenn mich der Peter in Wut bringt, dann würde ich bitten: laß ihn sterben...« Das Spiel geht hin und her. Schließlich stellen sie fest, so geht es nicht.
Der Vater kommt von der Arbeit nach Hause und sagt: »Ich habe gebetet, daß Sonntag die Sonne scheint; wir wollen doch unseren Ausflug ins Grüne machen!« Mutter: »Wie

kannst du so um Sonne bitten! Du weißt doch, die Bauern brauchen den Regen, sonst gibt es eine schlechte Ernte!« Ralph: »O fein! Wir beten um Sonnenschein, die anderen beten um Regen! Wie soll das gehen?« »Ja, ja«, sagt der Vater, »es war dumm von mir. Genauso wie im Krieg: die einen beten, laß *uns* gewinnen, und die anderen beten, nein, laß *uns* gewinnen. Oder auch beim Fußball: die Schalker beten, laß *uns* gewinnen, und die Düsseldorfer Fans, nein, laß *uns* gewinnen!« Alle lachen.
Mutter: »Jetzt haben wir es: wir dürfen Gott ruhig um etwas bitten, aber wenn er ›nein‹ dazu sagt, dürfen wir nicht böse sein. Wir wissen dann immer noch, daß Gott es gut mit uns meint.«
EF: »Ich weiß auch noch etwas Gutes! Worauf Gott viel eher hört und wozu er viel leichter ›ja‹ sagt, das ist: wenn du ihn um etwas bittest *für andere.* Sollen wir das jetzt mal versuchen: für andere etwas erbitten?« – An dieser Stelle kann *EF* ruhig die Fürbitten mit den Kindern erarbeiten. So bringen wir Frieden für alle.

Evangelium: Jesus hat uns gesagt: »Bittet den Vater im Himmel. Er wird es euch geben.« Und er erzählte folgende Geschichte: (Lk 11,5–10.)
Aber, wir haben im Puppenspiel eben gehört und gesehen: Gott gibt uns nur das, was gut für uns ist.

Zeichne: Die Bauern brauchen Regen, damit die Pflanzen wachsen, – und wir brauchen Sonnenschein für den Ausflug.
Oder: Wie sähe die Welt aus, wenn Gott all unsere Wünsche erfüllt?

3. Ich möchte auch so ein Fahrrad!

Vom Neid

Ralph steht da und ist neidisch auf das neue Rad von Dirk. (Auf der Bühne sieht man nur Dirks Kopf rumsausen.) Dann Dirk: »Was, da staunst du? Ist mein neues Rad nicht schick? Dreigangschaltung, tolle Lampe, prima Dynamo ...« (Dirk ab)
Ralph wendet sich an die Kinder: »Hab ich eine Wut! Genau das Rad, das ich haben wollte. Daß der Dirk so angeben muß. Wißt ihr was«, flüstert Ralph, »wenn Dirk gleich in die Wohnung geht, dann laß ich ihm die Luft aus den Schläuchen und mache die Schelle kaputt.« (Ralph ab)
Helga kommt von der Schule nach Hause. Sie ist neidisch, weil Monika eine bessere Arbeit geschrieben hat als sie; und sie hat sich doch viel länger Mühe gegeben und zu Hause gelernt. Die Mutter gibt einen tröstenden Kommentar: »Du lernst jetzt aber auch, dich zu bemühen, und das ist wichtiger als die Note. Wenn Monika in der Schule auch alles leicht fällt, so ist es ein Irrtum, wenn sie meint, ihr würde im Leben *immer* alles so leicht fallen ...«
Der Vater kommt nach Hause. Die Mutter: »Weißt du schon das Neueste? Die Beckers

von nebenan haben ein neues Auto! Und wie das glänzt! Wenn ich da an unseren durchgerosteten VW denke.« Der Vater etwas brummig: »Der VW ist gut genug für uns. Soll ich mich krummlegen, nur um den Nachbarn zu imponieren?« Mutter: »So habe ich das nicht gemeint. Sei doch nicht so empfindlich.«
EF stellt fest, daß die Kinder neidisch waren, aber auch ein Erwachsener. Habt ihr das auch schon erlebt? Schließlich lenkt er die Aufmerksamkeit der Kinder auf Ralph, der sichtbar die Bühne entlang schleicht und sich langsam Dirks Fahrrad nähert, um es zu beschädigen. *EF* weg. Gerade als Ralph zupacken will, hört man *unsichtbar* eine Stimme laut flüstern: »Ralph, was tust du da?« Ralph verteidigt sich in einem Zwiegespräch mit der unsichtbaren Stimme. Dazu ruhig die Kinder einschalten. Schließlich überlegt Ralph es sich anders und geht.
EF: »Was Ralph getan hat, war gut so. Der Neid bringt nichts Gutes. Warum sollen wir uns nicht freuen, wenn andere mehr Geld haben oder schneller lernen? Bei Gott ist doch nur wichtig, ob wir gut zu anderen sind, und nicht, ob wir sehr gut im Rechnen haben oder ein tolles Auto fahren.« – Dann gibt *EF* einen Hinweis auf Ralph, der ein richtiges Abendgebet spricht. In dem Moment, wo *EF* abgeht, kommt Ralph herein, legt sich zu Bett, faltet die Hände und betet: »Lieber Gott, ich hätte auch so gern ein so schönes Fahrrad. Ich bin neidisch, ich gönne es Dirk nicht. Warum geht es so ungerecht zu auf der Welt? Ich möchte auch durch die Straßen rasen. Ich möchte der Schnellste von allen sein. Ich möchte der Stärkste sein. Aber ich bin nicht der Reichste, und ich bin nicht der Schnellste, und ich bin nicht der Stärkste. Ich bin auch nicht der Klügste. Es ist schwer, nicht besser zu sein als die anderen. Aber ich möchte nicht neidisch sein, lieber Gott, ich möchte gut sein. Amen.«
EF läßt sich in der Ecke ein wenig blicken und flüstert den Kindern zu: »Jetzt singen wir ganz leise, damit Ralph gut einschläft: Wir bringen Frieden für alle...«

Evangelium: Mit eigenen Worten erzählen, wie die Brüder auf Josef neidisch sind: Gen 37,1–36. Aber Josef rächt sich nicht. Er durchbricht den Teufelskreis, indem er gut zu den Brüdern ist.

Zeichne: Dirk läßt Ralph auf seinem neuen Fahrrad fahren.

4. Die alte Tina

Verhalten zu alten Leuten

Ralph hat mittlerweile auch ein Fahrrad und fachsimpelt mit Dirk in einer Ecke, wie schnell man fahren kann. Ralph erzählt ein Erlebnis: »Ich sah die alte Frau, weißt du, die vor kurzem hier unten bei uns eingezogen ist, die alte Tina, am Zebrastreifen stehn. Da fuhr ich noch was schneller und stieg dann in die Bremsen. Es quietschte, und genau vor ihr kam ich zum Stehen und sagte höflich: ›Bitte schön!‹ Aber die schreit auf vor Schreck,

läuft zurück, schnappt nach Luft und schreit: ›Verflixter Bengel, kannst du nicht aufpassen?‹« – Jetzt erzählt Dirk, er habe einmal eine alte Frau haarscharf geschnitten, und die sei so wütend geworden, daß sie ihm beinahe den Krückstock nachgeworfen hätte. Ralph: »Auf die alte Tina haben es aber auch schon die anderen Kinder abgesehen: sie schleichen unter ihr Fenster, schreien fürchterlich und laufen weg. Und dann schauen sie zu, wie sie das Fenster aufreißt und irgendwas herausbrüllt.« Beide lachen.
EF: »Habt ihr das auch schon erlebt, daß alte Leute geärgert wurden?«
Szene zu Hause. Mutter: »Ralph, hier ist ein Paket für die alte Frau unten, Tina Dröge oder wie sie heißt; der Briefträger hat sie nicht angetroffen, da habe ich es angenommen und das Porto bezahlt. Komm, bring es ihr runter.« Ralph sagt zögernd ja. Bevor er geht, wendet er sich noch an die Kinder und sagt: »Hoffentlich erkennt die Tina mich nicht wieder.« Die alte Frau empfängt ihn freundlich. (Tina wird als zittrige, alte, schon etwas langsame Dame gespielt.) Es entwickelt sich ein Zwiegespräch mit Ralph. Er erfährt: Vor einem halben Jahr ist ihr Mann gestorben, keine Kinder, Wohnung zu groß, Miete zu teuer, hier in einer fremden Stadt, schwer einzugewöhnen; sie ist kränkelnd. Sie hat noch nicht einmal alles eingeräumt, es geht alles nicht mehr so schnell. Und heute am Zebrastreifen hat sie sich so erschrocken... (Sie erzählt aus ihrer Sicht das, was Ralph schon Dirk erzählt hat.) Ihr Herz macht nicht mehr so mit... Frau Dröge geht ins Nebenzimmer, um das Geld für das Paket zu holen. In dieser Zeit wendet sich Ralph wieder an die Kinder: »Ob sie mich erkennt? Ich schäme mich, so etwas getan zu haben. Stellt euch vor, sie wäre vor Schreck zusammengebrochen, wo ihr doch das Herz weh tut...
Die alte Tina kommt wieder, gibt ihm statt DM 1,70 sogar DM 2,–. »Das darfst du behalten«, sagt sie und bestellt noch einen Gruß an die Mutter. Ralph bietet sich an, vorbeizukommen, wenn er einkaufen geht, um für sie auch etwas zu besorgen.
EF wertet mit den Kindern diese Situation aus.
Letzte Szene: Ralph trifft Dirk wieder an der Straßenecke. Was wird Ralph jetzt, wenn sie auf die alte Tina zu sprechen kommen, anders sagen?

Evangelium: 4. Gebot – ausführlicher: auch auf alte Menschen beziehen (Ex 20,12).

Zeichne: Wie Ralph mit der alten Tina bei EDEKA einkauft...[3]

5. Wer spielt mit mir?

Von der Freundschaft

Die Eltern unterhalten sich, warum die Freundschaft zwischen Helga und Eva in die Brüche gegangen ist. Sie stellen fest: Eva wollte nur mit Helga gehen und wehe, wenn

[3] Nach »Alte Leute sind ganz schön doof!«, in: Kurze Geschichten (s. Anm. 1), S. 156.

Helga sich ein bißchen um ein anderes Mädchen kümmerte... Plötzlich kommt Helga freudestrahlend aus der Schule: »Ich glaube, ich habe eine neue Freundin!« Und sie erzählt von Andrea, die neu zugezogen ist und in der Klasse jetzt neben ihr sitzt.
EF: »Einen Freund zu haben, ist schön... Alleine ist es oft langweilig...«
Am nächsten Tag kommt Helga traurig nach Hause. Die Mutter bekommt nach langem Fragen heraus: Andrea hat in ihrer Klasse erzählt, daß ihr Vater beim Fernsehen in Köln angestellt ist, und jetzt war sie natürlich von allen umringt und sollte erzählen. Und in der Pause hat Andrea dann Edeltraud in den Arm genommen und sie gar nicht mehr gesehen... Mutter oder Vater sagen: »Ja, glaubst du denn, eine gute Freundin findet man so schnell? Eine gute Freundin muß erst zeigen, daß sie zu dir hält, es gut mit dir meint. Und wenn das nicht so ist, dann ist es nicht schlimm, wenn du sie wieder verlierst. Suche ruhig weiter.«
Es schellt. Die Mutter geht zur Tür. Es ist Christa. »Sie will mit dir spielen, Helga!« Helga lehnt ab: »Ach, mit der kann ich es nicht, die ist mir zu klein...« Aber das läßt die Mutter nicht gelten. Sie läßt Christa herein.
Der Mutter fällt etwas zu Boden. Christa springt schnell hin und hebt es auf. Die Mutter lobt Christa. »Ach, bitte sehr«, sagt Christa; sie ist sehr höflich. Dann spielen Helga und Christa.
EF: Er beobachtet die beiden beim Spielen und kommentiert ihr Verhalten: »Es klappt ganz gut..., die passen gut zusammen..., ob Christa die neue Freundin wird, die richtige Freundin? Es wird sich noch zeigen...!« *EF* zu den Kindern hin: »Bei einer Freundschaft soll man sich Zeit lassen. Eine gute Freundin findet man nicht an jeder Straßenecke. Eine richtige Freundin hilft einem, leichter das Gute zu tun, hilfsbereiter zu sein. So können wir eher Freude und Frieden erleben: »Wir bringen Frieden für alle...«

Evangelium: Unser Vater im Himmel ist unser Freund, unser bester Freund. Er hat sogar Jesus geschickt, der uns das sagen soll: Der Vater im Himmel will euer Freund sein. Der Vater im Himmel spricht: Ich gehe mit euch durch dick und dünn. Ich bin bei euch, wenn es schön ist und wenn es häßlich wird. Ich bleibe bei euch, egal, was passiert. Ich bin der beste Freund.

Zeichne: Du spielst ein schönes Spiel mit deinem besten Freund oder deiner besten Freundin.

6. Ich mag dich so, wie du bist

Von Spitznamen, körperlichen Nachteilen u. a.

Ralph kommt heulend nach Hause: »Die anderen rufen immer Fettkloß, Dickwams... hinter mir her; warum muß ich denn auch so dick sein!« Mutter: »Ich habe dir schon so oft gesagt, du sollst dir nichts anmerken lassen. Wenn die merken, daß du dich ärgerst,

macht es ihnen erst richtig Spaß. Und außerdem, du kannst ja nichts für diese Krankheit, daß du dicker bist als andere. Ich mag dich so, wie du bist. – Aber, daß du dich mit Helga soviel zankst und streitest, das regt mich viel mehr auf ... Du bist doch der Ältere, der Vernünftigere ...« (Mutter ab)
Ralph stellt sich vor die Kinder und beklagt sich: »Warum muß ich so dick sein ...? Warum muß ich der Ältere sein und der Vernünftigere ...?«
Helga kommt nach Hause. Es kommt mit der Mutter zu einem Gespräch über das heutige Fernsehprogramm. Die Mutter: »Die Sendung dauert für dich zu lange. Weil Ralph älter ist, darf er sie sehen, aber du gehst früher zu Bett.« Auch Helga stellt sich vor die Kinder und beklagt sich: »Immer bin ich noch zu jung ..., ich bin doch auch ein Mensch ..., und außerdem wäre ich lieber ein Junge ...«
EF: »Hat Gott alles falsch gemacht?« Dann leitet er hin auf die nun folgende Szene mit dem Mond und flüstert: »Hört zu!«
Helga liegt schon im Bett und weint still vor sich hin. Der Mond scheint ins Zimmer (unsichtbare, laut flüsternde Stimme aus dem Hintergrund) und fragt: »Ist es denn so schlimm?« »Ja«, sagt Helga. Der Mond: »Weshalb weinst du denn?« Helga: »Ach, in der Rechenstunde habe ich alles falsch gemacht. Ich kann nicht so gut rechnen. Und beim Stricken sind mir alle Maschen heruntergefallen. Bei Ulrike ist das alles nicht. Ulrike kann auch die Rechenaufgaben immer, und ihr Topflappen ist schon lange fertig.« Der Mond: »Ist das alles?« Helga: »Nein, Ulrike kann auch schneller laufen, und sie hat schönere Sachen zum Anziehen. Wär' ich doch die Ulrike!« Der Mond: »Möchtest du das wirklich?« Helga: »Ja.« Der Mond: »Mal sehn, was sich da machen läßt. Natürlich mußt du dann in Ulrikes Bett schlafen.« Helga: »Ja, das tue ich auch.« Der Mond: »Deinen Bären und deine Puppe mußt du natürlich auch hier lassen. Du mußt dann mit Ulrikes Sachen spielen.« Helga: »Na ja, das werde ich auch schaffen.« Der Mond: »Soviel ich weiß, muß Ulrike die Kleider ihrer größeren Schwester auftragen.« Helga: »Das würde mir gar nichts ausmachen.« Der Mond: »Und wenn ich recht gehört habe, wird Ulrike morgen ein Zahn gezogen.« Helga: »Und wenn schon!« Der Mond freundlich: »Gut, aber dann ist ab morgen Ulrikes Mama *deine* Mama!« Helga ganz laut: »Nein, die möchte ich nicht als Mama! Dann bleibe ich lieber – die Helga.«[4]
EF hält einen kurzen Rückblick: »Das Wichtigste hat die Mutter gesagt: Ich mag dich so, wie du bist!«

Evangelium: Auch Gott sagt, ich mag dich so, wie du bist. Ob du dick bist, ein schlechtes Gehör hast, im Rollstuhl sitzt ... Gott mag dich so, wie du bist. Das hat uns Jesus gesagt: Er hat den Zachäus so angenommen, wie er ist ..., den Mattäus sogar zu seinem Jünger gemacht ... und erst den Petrus ... (Eine dieser Geschichten mit eigenen Worten erzählen.)

---

[4] Nach »Maria und der Mond«, in: Kurze Geschichten (s. Anm. 1), S. 98.

Noch eine andere Möglichkeit zum Evangelium: 5. Gebot – Du sollst keinem weh tun ... (Ex 20,13) und 8. Gebot – du sollst keinen Menschen verspotten (Ex 20,16).

Zeichne: Helga unterhält sich mit dem Mond. Oder: Zachäus auf dem Baum und Jesus darunter. Oder: Der dicke Ralph steht im Fußballtor und hält ganz wunderbar.

7. Sind die aber lieb!

Vom Verhalten zu Tieren

Helga bringt einen kleinen Vogel, den sie unterwegs gefunden hat, mit nach Hause. Sie und Vater und Mutter sind von dem Tierchen sehr angetan. Großaktion: Ein Ei wird gekocht; es wird versucht, mit einem Streichholz Eigelb ins Schnäbelchen zu stecken. Als die erste Aufregung vorbei ist, stellt die Mutter fest: »Wo bleibt eigentlich Ralph, der schon 20 Minuten über die Zeit unterwegs ist?« Da erklingt die Schelle. Ralph kommt verdreckt nach Hause; er sieht ziemlich verwildert aus, und er schält aus seiner Jacke heraus ein kleines Kätzchen. Er berichtet empört: »Stellt euch vor, ihr hatte man eine Büchse an den Schwanz gebunden und auch noch einen Hund darauf gehetzt! Ehe ich die eingefangen hatte! Die meinte, ich wollte ihr auch noch was antun!«
EF: »Habt ihr auch Tiere zu Hause?« (Die Kinder erzählen lassen) »Habt ihr schon welche gefunden? Habt ihr schon mal gesehen, daß ein Tier gequält wurde?«
Wieder die Szene zu Hause. Der Vater schimpft: »Jetzt können wir hier wohl einen Zoo aufmachen. Außerdem, wenn die Katze den Vogel sieht, dann lebt er nicht mehr lange.« Ralph hält zur Katze, Helga zum Vogel. Die Mutter hat die rettende Idee: »Wir dürfen hier im Hause sowieso keine Katze halten. Fahrt sie doch zur Oma, die hat einen Garten und genügend Platz.« Sie steigen ins Auto (Autofahrt wird simuliert). Ralph stellt fest, wie eilig es wieder alle haben. Auf der Landstraße hat es Helga zuerst entdeckt: »Da, ein Igel! Und noch vier Junge dahinter! Halt doch an, Vater! Die wollen über die Straße!« Der Vater hält, sie steigen aus; sie halten auch die anderen Autos an.
Jetzt kommentiert *EF* weiter: »Zuerst schimpfen die Autofahrer wegen des Aufenthaltes, denn sie haben es ja so eilig, aber jetzt steigen sie aus, schauen der Igelfamilie zu und freuen sich. Sicher kommen sie zu spät zum Abendbrot oder zum Kino. Aber das macht ja nichts: die Igelfamilie ist gut über die Landstraße gekommen. Und so ist Friede gekommen für alle – auch für Tiere!«

Evangelium (aus dem Schöpfungsbericht): Gott schuf die Tiere, die Vögel, die Fische ..., und er sah, daß es gut war. Und Gott sprach zum Menschen: Das alles gebe ich in deine Hände, alles was auf der Erde lebt (Gen 1,1–2,4).
Oder Stellen aus Psalm 104: z. B. Herr, wie sind deine Werke so groß und so viele. Du hast alles gemacht.

Zeichne: Wie die Igelfamilie über die Landstraße geht und die Autos alle halten. Oder: Wie Ralph und Helga den Vogel füttern und die Katze zuschaut.
Wenn der 4. Oktober, Fest des hl. Franziskus, Welttierschutztag, in der Nähe ist, kann man die Kinder mit ihren Tieren zu einer Feier in die Kirche einladen[5].

8. Ich mag nicht!

Gemeinsam geht's besser!

1. Szene: Vater ist mit Helga auf einem Kinderspielplatz. Sie wollen wippen, aber er ist für Helga viel zu schwer. Erst als der Vater noch ein paar Kinder herbeiruft, die sich mit Helga auf die andere Seite setzen, und als Helga zuletzt noch ihren Bären vor sich packt, geht es: auf und ab, auf und ab.
EF legt den Akzent auf: *gemeinsam* geht es, weil die anderen Kinder »ja« gesagt, *mitgemacht* haben.
2. Szene: Es ist die übliche Szenerie zu Hause: Die Mutter möchte, daß Helga noch etwas zum Essen einkauft. Helga: »Ich mag nicht.« Die Mutter bittet und bettelt. Helga bleibt hart. Da sagt die Mutter: »Dann mag ich auch nicht« – und geht weg. Und jetzt sagt auch der Tisch: »Ich mag nicht!« – und der Stuhl (bitte alles im Kleinformat basteln) und der Spiegel und der Apfel und ... gehen aus dem Raum. Helga schaut erstaunt zu. Dann wackelt der Tisch wieder herein und sagt: »Ich mag!« Und alles kommt nacheinander langsam wieder und sagt: »Ich mag!« Da läuft Helga zur Tür und ruft zur Mutter: »Ja, Mutter, ich mag auch, was soll ich einkaufen?«
EF erinnert noch einmal an die erste Szene auf der Schaukel: Gemeinsam geht es besser.

Evangelium: Allein geht es nicht, das Gute zu versuchen. Du brauchst immer andere, die dir dabei helfen. Auch daß ihr hier so viele seid, macht es euch viel leichter, an Gott zu denken und mit Gott zu sprechen. Jesus wußte das auch. Er hat sich Jünger gesucht: Petrus, Johannes, Jakobus, Tomas ... Weißt du noch einen? Und Jesus hat ihnen gesagt: Geht hinaus in alle Welt und tauft alle Menschen und sagt ihnen das Gute von Gott weiter, alles, was ich euch gesagt habe (Mt 28,19f).
Zeichne: Vater mit Helga und den Kindern auf der Wippe. Oder: Der Tisch, der Stuhl, der Spiegel ... mögen auch nicht und wandern aus dem Raum. Helga schaut erstaunt zu[6].

---

[5] Vgl. S. 108f, 201 und 204 in: Kurze Geschichten (s. Anm. 1).
[6] Nach »Die Geschichte von der Wippe« von Ursula Wölfel und »Ich mag nicht«, in: Kurze Geschichten (s. Anm. 1), S. 16f.

9. Auf dem Friedhof

Jesus lebt, und auch wir werden weiterleben

Im Hintergrund des Puppentheaters ist ein schön gemalter Schmetterling zu sehen. *EF* kann auf diesen Schmetterling eingehen und den Vorgang von der Raupe zur Puppe zum Schmetterling schildern.
1. Szene: Mutter und Helga haben aus dem Wald grüne Zweige und Tannenzapfen mitgebracht und auch Blumen eingekauft. »Weißt du, Helga«, sagt die Mutter, »wir basteln daraus jetzt zwei schöne Sträuße, einen für die Oma und einen für den Onkel; die legen wir ihnen aufs Grab. Helga: »Warum nimmt man dazu eigentlich *grüne* Zweige?« Mutter: »Grün ist die Farbe der Hoffnung. Wir *hoffen,* daß mit denen, die gestorben sind, noch etwas geschieht...« Helga: »Mutter, warum nehmen wir so bunte Blumen?« Mutter: »Blumen schenken wir ja immer denen, die wir lieben und besonders gut kennen.«
EF: »Seid ihr auch schon einmal auf dem Friedhof gewesen? Habt ihr schon die vielen roten Kerzen gesehen ... und die herrlichen Blumen...?«
2. Szene (die Familie auf dem Friedhof). Helga: »Vater, warum sind hier so viele Lichter angesteckt?« Vater: »Es soll heißen, wir wollen an dich denken; wir dürfen zwar weinen und traurig sein, aber nicht so wie Menschen, die glauben: es ist alles aus...; wir sehen unsere Verstorbenen ja einmal wieder!« Ralph: »Wieso sehen wir sie wieder?« Mutter: »Kennst du nicht die Geschichten von Jesus, der Menschen, die schon tot waren, neues Leben gegeben hat?« Helga: »Stehen darum überall die Kreuze, damit wir uns an Jesus erinnern?« Vater: »Ja, weil Jesus auch selbst von den Toten auferstanden ist...«
Ralph und Helga lesen einige Grabinschriften vor (Die Kinder dürfen bei dem Spiel ruhig etwas neugierig herumsausen, damit der Inhalt nicht zu langsam und langweilig wird.): Hier ruht..., Gott der Herr..., Herr gib ihm die ewige Ruhe...
Schließlich erreicht die Familie das Grab der Oma. Es wird geschmückt. Die Mutter erinnert daran: Das Wichtigste ist, daß wir für die Oma *beten.* Alle falten die Hände, und die Mutter betet laut: »Guter Gott, wir wissen nicht, warum die Oma schon so früh sterben mußte. Verzeih ihr, was sie falsch gemacht hat in ihrem Leben. Laß sie es jetzt gut haben bei dir. Gib, daß wir sie einmal wiedersehen...«
Dann wird das Grab des Onkels besucht. Sie sehen, daß einer aus der Verwandtschaft schon ein schönes Blumengebinde daraufgelegt hat. Helga entdeckt nebenan ein Grab, das verwildert ist und ohne Schmuck. Sie macht den Vorschlag, den zweiten Blumenstrauß auf dieses Grab zu legen, und die Eltern gehen darauf ein.
EF erinnert noch einmal an den Schmetterling.

Evangelium (Joh 14,19): Jesus sagt, ich lebe und auch ihr werdet leben! Oder eine der Toten-Erweckungen (z. B. Lk 7,11–17) erzählen.

Zeichne: Wie ein schön geschmücktes Grab aussieht. (Vergeßt den Grabstein in Kreuzesform nicht!)

10. Was Helga alles kann!

Zu Weihnachten, zum Geburtstag oder Muttertag möglich ...

EF gibt Hinweis auf Weihnachten oder ...

1. Szene: Helga, Christa, Toni und Gerd stehen zusammen, und jeder gibt furchtbar an, was er alles kann: ... schon Auto fahren, auf Händen laufen ..., kann schon kochen ..., in den Bergen mit Seil und Hacke ...! Helga spielt beim Angeben eine große Rolle. Dann geht sie nach Hause. Mutter: »Hol mir schnell was von EDEKA!« Aber Helga will nicht. *Das kann sie nicht.*

EF weist noch einmal darauf hin, daß sie vorher fast alles konnte – ein Superkind –, aber so eine Kleinigkeit kann sie nicht.

2. Szene: Helga unterhält sich mit den Kindern: Für alle hat sie schon ein Geschenk, nur noch nicht für die Mutter. Sie überlegt mit den Kindern: nichts Fertiges kaufen, selbst etwas machen. Helga schließt sich ein, damit die Mutter nichts sehen kann. Sie will Kleiderbügel bemalen, denn sie hat irgendwo gesehen, wie schön das werden kann. Die Stimme der Mutter aus dem Hintergrund: »Hol mir bitte Butter!« Helga: »Ich hab' jetzt keine Zeit, bald ist doch Weihnachten, das weißt du doch!« Danach: Das Bemalen geht schief; Helga ärgert sich. Sie hätte doch besser eingekauft.

Aber sie hat eine neue Idee: Sie will einen ganz tollen Stern für den Baum basteln, einen Riesenstern und noch schöner als der Stern vom Hausmeister! Stimme der Mutter aus dem Hintergrund wieder: »Geh bitte mal ...!« Helga wieder: »Du weißt doch, jetzt hab' ich keine Zeit, bald ist Weihnachten!«

EF erarbeitet mit den Kindern, daß *jetzt* etwas viel wichtiger gewesen wäre, als das Geschenk weiter zu basteln ...

3. Szene: Helga ist ganz zerknirscht, weil der Stern wieder auseinanderfällt. Sie wäre doch besser einkaufen gegangen für die Mutter! Und jetzt hat sie eine großartige Idee: Sie zeichnet sich selbst mit einer Einkaufstasche! Und sie malt etwas in jede der vier Ecken, und zwar in die erste einen blühenden Baum: das ist das Frühjahr. In die zweite die brennende Sonne: das ist der Sommer. In die dritte Regen: Das ist der Herbst. Und in der vierten Ecke fallen dicke Schneeflocken vom Himmel: das ist der Winter. »Und ich in der Mitte«, sagt Helga, »mit der Einkaufstasche. Das soll heißen, ich will für die Mutter ein ganzes Jahr lang, ohne zu meckern, einkaufen!«

EF: »Ist das nicht ein tolles Weihnachtsgeschenk? Vielleicht nimmst du dir nur *eine* Jahreszeit vor ... Dann bringen wir Frieden für alle ...«[7]

Evangelium: Jesus ist in die Welt gekommen, um Freude zu bringen. Deshalb soll dieses Fest uns immer wieder neuen Mut geben, auch anderen Freude zu machen. Deshalb

---

[7] Nach »Der kleine Angeber« und »Jan bastelt ein Weihnachtsgeschenk«, in: Kurze Geschichten (s. Anm. 1), S. 184 und 109.

müssen wir zum Guten oft »ja« sagen. Ich kenne ein Mädchen, das hat auch »ja« gesagt. Das Mädchen heißt Maria. Ich lese es euch aus der Bibel vor: Verkündigungsszene (Lk 1,26–38).
Zeichne: Das Bild, das Helga gemalt hat, mit den vier Jahreszeiten. Und du malst *dich* in die Mitte?

11. Ich habe Angst!

Einer hat die Angst überwunden

Im Hintergrund sieht man eine große Zeichnung der Geschichte: Sturm auf dem Meer (Mk 4,35–41 par).
Mutter: »Es muß eine Maus im Keller sein. Hier, der Apfel ist angebissen. Vater wird eine Falle aufstellen müssen.« Helga wendet sich an die Kinder: »Jetzt in den Keller gehen ..., Angst ..., ihr auch?«
Ralph will ins Bett, sagt gute Nacht und legt sich rechts auf die Brüstung zum Einschlafen. Vater will das Licht ausmachen. Ralph protestiert. Vater: »Hast du denn Angst vor der Dunkelheit?« Ralph: »Ja.« Vater: »Ich früher auch:« Ralph: »Jetzt nicht mehr?« Vater: »Nein, ich weiß jetzt, was das Dunkel ist.« Ralph: »Was ist es denn?« Vater: »Die Sonne geht nur weg, damit wir ruhig schlafen können. Wenn sie nicht weggehen würde, wäre es zu hell, und wir würden immer schlecht schlafen, wären verdrießlich, könnten nicht spielen, nicht arbeiten, weil wir zu müde wären. Auch die Tiere und Pflanzen wären zu müde und könnten nicht wachsen. Deshalb geht die Sonne jeden Tag fort und läßt uns im Dunkeln schlafen. – Soll ich jetzt das Licht ausmachen?« Ralph: »Ja.«
EF: »Habt ihr auch schon einmal Angst gehabt? Wovor?«
Ralph und Helga sind auf dem Weg zu ... Sie sehen Theo. Vor dem haben alle Angst. Der wohnt noch nicht lange hier. Er ist größer als die anderen Kinder und macht meistens ein böses Gesicht. Manchmal boxt er auch in der Luft herum, und pfeifen kann der! Ralph und Helga wollen einen Bogen um ihn machen, denn vielleicht nimmt er ihnen das Geld ab oder verprügelt sie. Sie begegnen noch Jörg. Helga: »Den kenne ich nicht.« Ralph: »Ach, der ist unten bei ... zu Besuch.« (Ralph und Helga ab) Jörg tritt auf. Er redet so vor sich her: »Es ist so langweilig ... (vielleicht auch ein Gespräch mit den Zuschauern). Theo kommt, brummige Stimme, etwas breites Gehabe. Jörg geht ohne Angst auf ihn zu: »Hier habe ich einen Ball. Spielst du mit mir?« Die beiden spielen sehr schön miteinander, zur Überraschung aller. In der Ecke werden Ralph und Helga etwas sichtbar. Ralph zu Helga: »Vielleicht ist Theo doch nicht so. Vielleicht nimmt er gar kein Geld ab und haut auch keinen ... Ob wir ihn morgen auch mal fragen, ob er mit uns spielt?«
EF versucht zu erklären, daß Angst oft aus Vorurteilen entspringt. Danach erklärt er das

Bild im Hintergrund (im Frage- und Antwortspiel mit Ralph und Helga, die er anspricht: »Helft mir doch mal, ich habe hier ein Bild gefunden ...«)[8]

Evangelium: Jesus sagt, in der Welt habt ihr Angst, aber faßt festen Mut. Ich habe die Angst überwunden (Joh 16,33).

Zeichne: Ralph geht schlafen und hat keine Angst vor der Dunkelheit. Oder: Ralph und Helga spielen mit Theo Fußball.

12. Zwei Päckchen Kaugummi!

Vom Stehlen

Ralph studiert im Warenhaus alle Angebote. Er geht umher und staunt: Da gibt es Colalutscher, Lakritzbären, Eisbonbons, Kokosstangen, Erdnußriegel, kleine Schokoladentafeln ... Er bewundert ausgiebig all die Herrlichkeiten.
EF: »Wer von euch war schon mal bei Karstadt oder ...?«
Ein Junge und ein Mädchen nähern sich Ralph. Auch sie gehen umher, schauen sich um und – zwei, drei Rollen Drops sind im Nu verschwunden. Keiner hat es gesehen. Nur Ralph.
Ralph zu den Kindern: »Wie findet ihr das? Soll ich auch ...? *Nur* ein, zwei Kaugummi!« Er wagt sich mit Herzklopfen näher. Wenn die Kinder jetzt nicht zu laut reagieren, kann die *unsichtbare* Stimme des Gewissens laut flüsternd mit Ralph ein Zwiegespräch führen: »Das darfst du nicht. Das ist gestohlen.« Ralph dagegen: »Warum soll ich nicht, die anderen haben auch ..., hier ist so viel ..., das merkt doch keiner ...«
Ralph nimmt wirklich zwei Kaugummis und steckt sie in die Jackentasche. Dann stellt er sich an, um die anderen Dinge, die er eingekauft hat, zu bezahlen. In der Schlange schert Ralph noch einmal aus und flüstert den Kindern zu: »Die Päckchen in meiner Jackentasche werden immer schwerer. Ich schwitze so ... Was soll ich machen?« (Reaktion der Kinder abwarten)
Ralph bringt das Päckchen wieder zurück. Dann stellt er sich wieder an und bezahlt. Und nun springt er froh und frei herum. Ihm ist viel wohler. Er hat gute Laune[9].

Evangelium: Gott sagt, du sollst nicht stehlen ... (7. Gebot; Ex 20,15).

Zeichne: All die Herrlichkeiten in einem Warenhaus.

---

[8] Nach »Wenn es dunkel wird« und »Von dem Jungen, vor dem alle Angst haben«, in: Kurze Geschichten (s. Anm. 1), S. 56 und 61.
[9] Nach: »Kurze Geschichten, (s. Anm. 1), S. 101.

13. Ralph ist krank

Vom Kranksein

1. Szene: Helga steht morgens auf und betet: »O Gott, mit meinem Bruder ist es zum Verzweifeln. Er zankt und streitet den ganzen Tag. Er läßt mich nicht in Ruhe. Ich könnte ihn verwünschen. Ich mag ihn nicht, wirklich, ich mag ihn nicht. Aber manchmal meine ich, er sei der netteste Bruder von der Welt. Dann gefällt er mir, dann hab' ich ihn lieb. Ich kriege das nicht zusammen, dieses Mögen und Nichtmögen. Wie machst du das nur, Gott, daß du alle Menschen lieb hast? Zeig es mir! Amen.«
Die Mutter ruft Ralph aus dem Hintergrund zu, daß er aufstehen soll. Aber er kommt nicht. Die Mutter sieht nach. Ralph ist krank. »Mein Kopf«, stöhnt er. Die Mutter stellt fest...: »Ja, du bist krank.« Sie will den Arzt rufen.
EF: »Wer von euch ist auch schon krank gewesen? Was hattest du denn?...«
2. Szene nach dem Mittagessen: Die Mutter sagt zu Helga: »Ich muß jetzt zu meiner Arbeitsstelle. Es tut mir leid, aber gerade heute können die im Geschäft nicht auf mich verzichten. Kannst du...?« Helga sagt ja. (Mutter weg.)
Nach einiger Zeit schellt es. Die Freundinnen kommen an die Tür, um Helga zu holen. Helga wendet sich an die Kinder: »Soll ich mitgehen?« (Reaktion der Kinder abwarten.) Helga bleibt bei ihrem Bruder. Sie liest ihm sogar aus seinem Lieblingsbuch »Winnetou« vor.
EF: »Na, was sagt ihr dazu?«
3. Szene abends: Die Eltern kommen nach Hause. Sie loben Helga. Sie bekommt zwei dicke Pfirsiche als Anerkennung. Sie kümmern sich um Ralph. Es geht ihm schon etwas besser.
4. Szene: Als Helga abends zu Bett geht, betet sie: »Großer Gott, warum ist mein Bruder krank? Er tut mir leid. Du hilfst ihm doch sicher! Denn du hast uns doch lieb. Wir sind alle etwas traurig. Auch der Doktor hat den Kopf geschüttelt. Ich will mir auch morgen Mühe geben, ihm eine Freude zu machen. Und du willst ihm sicher auch helfen! Du kannst es doch, du großer Gott, ich weiß es!«[10]
EF: »Könnt ihr euch noch an das Gebet von heute morgen erinnern, was Helga da alles gesagt hat? Jetzt laßt uns leise singen, damit Helga und auch Ralph gut schlafen: Wir bringen Frieden...«

Evangelium: Jesus hat sich auch viel um Kranke gekümmert (z. B. Mk 2,1–12 par). Wenn er von Dorf zu Dorf zog, dann legten die Leute die Kranken auf ihren Bahren an den Weg..., und Jesus legte ihnen die Hände auf. Ja, manche Kranken waren schon froh,

---

[10] In dieser Geschichte wurden zwei Gebete von Marielene Leist leicht verändert übernommen, aus: Kurze Geschichten (s. Anm. 1), S. 141 und 144.

wenn nur der Schatten von Jesus auf sie fiel. Und Jesus hat einmal gesagt: Kommt doch alle zu mir, die ihr es schwer habt. Ich will euch helfen. (Oder vom Vorbild des Samariters erzählen; Lk 10,25–37.)

Zeichne: Helga liest dem kranken Ralph aus einem Buch vor. Vergiß nicht das Kreuz über dem Bett.

14. Ich habe keine Lust

Vom Zusammenleben der Menschen

1. Szene am späten Nachmittag: Ralph und Helga haben wieder einmal komplette Unordnung »fabriziert«. Spiel- und Schulsachen liegen herum. Gerade stürmen sie vom Spielen auf der Straße herein und lassen ihre Jacken und Schuhe mitten im Zimmer liegen. Die Mutter ist noch geschäftig, aber abgespannt, und bittet eins der Kinder, noch etwas einzukaufen. Sie erntet nur die Antwort: »Ich habe keine Lust.« Da sagt sie fast weinend: »Ihr macht mir so viel Arbeit, weil ihr so unordentlich seid! Seht euch doch mal um! Immer muß ich alles hinter euch wegräumen, und wenn ich euch dann um einen Gefallen bitte, sagt ihr noch ›ich habe keine Lust‹. – Denkt doch mal daran, daß ich gleich auch noch drei Stunden lang Büros reinigen muß. Und da fragt mich auch keiner, ob ich *Lust* habe. Ihr könntet mir wirklich Arbeit abnehmen, indem ihr Ordnung haltet und gefällig seid! Bald kann ich nicht mehr!«
Die Kinder verteidigen sich: »Wir würden ja auch Ordnung haben, wenn wir mehr Platz hätten. – Der Ralph hat immer seine Sachen bei mir liegen. – Nein, die Helga bei mir!«
Die Mutter unterbricht den Streit, indem sie sagt: »Im Keller steht noch ein alter Schrank. Wenn der Vater nichts dagegen hat, könnt ihr euch den ja noch ins Kinderzimmer setzen, dann habt ihr genug Regale.«
EF: »Ist das bei euch auch so? Ob sich jetzt etwas tut mit Ralph und Helga?«
In einer neuen Szene sieht man die Kinder den neuen Schrank streichen in einer aufgelockerten, freudigen Atmosphäre.
Zwei Wochen später. *EF:* »Was meint ihr, Kinder? Ob Ralph und Helga jetzt Ordnung halten und der Mutter die Arbeit erleichtern?«
Die Szene vom Anfang wird wiederholt: Es herrscht dieselbe Unordnung. Die Kinder haben wieder keine Lust zu helfen. Die Mutter ist wieder abgespannt, ermahnt die Kinder und sagt: »Bald kann ich aber wirklich nicht mehr.«
Mit Ausflüchten, wie ›ich muß noch ein Heft kaufen‹ und ›ich muß Dirk noch wegen der Schularbeiten etwas fragen‹, sind Ralph und Helga schnell wieder verschwunden.
EF: »Was meint ihr, Kinder? Was soll die Mutter jetzt machen? Wie soll sie die Kinder zum Mittun bewegen?«
Unabhängig von den Vorschlägen der Kinder wird folgende Lösung gezeigt: Am Mittag des folgenden Tages streikt die Mutter. Sie hat einfach nicht gekocht. Als die Kinder sehr

überrascht sind, und es gar nicht fassen können, sagt die Mutter: »Heute hatte *ich* keine Lust. Und wenn ihr euch nicht ändert, werde ich öfters keine Lust mehr haben.«
Ralph und Helga bleiben allein zurück. »Und jetzt ...?« fragen sie sich. Dann schieben sie sich gegenseitig den Schwarzen Peter zu: Weil du nicht aufgeräumt hast ... Nein, weil du nicht einkaufen gegangen bist ... Nein, weil du keine Lust hattest ... Schließlich sehen sie ein, daß das nichts bringt, und sie fassen gute Vorsätze.
EF versucht, auch die zuhörenden Kinder in dieser Richtung zu guten Vorsätzen anzuhalten. – Und im übrigen: Wer sagt, ich habe keine Lust, denkt in *dem* Moment nur an sich.

Evangelium: Die goldene Regel: Was du nicht willst, das man dir tu ... oder: Was du von anderen an Gutem erwartest, das tue zuerst ihnen (Mt 7,12).

Zeichne: Teile das Papier in zwei Hälften. Zeichne in die eine Hälfte totale Unordnung, in die andere: die Kinder helfen beim Aufräumen.

Andere Gestaltungsmöglichkeiten des Kleinkindergottesdienstes s. *Wir freuen uns auf die Predigt*, S. 35.

In einem neuen Buch bin ich auf weitere anschauliche Möglichkeiten von Kleinkindergottesdiensten eingegangen. Es gibt auch einen guten Überblick über alle Ideen, die bis 1985 in den mittlerweile zahlreichen Büchern zu diesem Thema aufgeführt werden. Dieses Werkbuch heißt:
Willi Hoffsümmer, »111 Bausteine für Gottesdienste mit 3–7jährigen und religiöse Feiern im Kindergarten« Grünewald/Mainz, 1986[2].
Hier finden Sie einen Riesenbaukasten für alle Feste des Kirchenjahres, darunter auch 26 »Bausteine« als vollständig ausgearbeitete Wortgottesdienste oder Feiern.

IV. Sprechspiele

Auf den ersten Blick sehen Sprechspiele trocken, lahm und farblos aus. Aber probieren Sie es mal: Atemlose Stille und große Aufmerksamkeit sind »garantiert«, nicht nur, weil es viel zu sehen gibt.

1. Am Heiligabend in der Kindermette

Kinder kommen nacheinander aus den Reihen in den Altarraum. Sie tragen auf einem Stirnband einen großen Stern und in der Hand einen aus Stroh. Sie sprechen einen der folgenden Sprüche und halten dabei den Strohstern hoch. Anschließend reichen sie ihn einem Erwachsenen, der ihn an den Weihnachtsbaum hängt. Am Schluß stehen alle Sprecher im Halbkreis um den Baum oder Altar bis zum Ende des Gottesdienstes.
So viele Sprüche, wie genommen werden, so viele Kinder werden benötigt. Aus den folgenden Sprüchen unbedingt auswählen!

1. Dieser Stern soll uns an Jesus erinnern. Wir danken für den neuen Stern, für Jesus. Er leuchtet allen, die gut zu uns sind, aber auch jedem, mit dem wir uns nicht so gut verstehen.
2. Dieser Stern soll uns an Jesus erinnern. Wir danken für den Stern, der über uns aufgegangen ist, der ein Herz für uns hat. Er leuchtet allen, die gefangen, hungrig und krank sind.
3. Dieser Stern soll uns an Jesus erinnern. Wir danken für diesen Stern, der alle Sterne und Stars in den Schatten stellt. Er leuchtet allen, die zu stolz sind; die glauben, Gott nicht nötig zu haben.
4. Wir danken für den Stern Jesus, der unser Leben hell machen kann. Er leuchtet allen, die sich Mühe geben, anderen in ihrer Not zu dienen.
5. Wir danken für den Stern Jesus, der uns auf dem Weg zu Gott leuchten will. Er leuchtet allen, die unglücklich sind und nicht mehr wissen, was sie tun sollen.
6. Wir danken für den Stern Jesus. Er will allen, die nicht mehr ein noch aus wissen, einen Weg zeigen. Er leuchtet allen, die sich in unserer Stadt und überall verlassen vorkommen.
7. Wir danken für das Licht in der Finsternis. Es will allen, die blind geworden sind, wieder die Augen öffnen. Es leuchtet allen, die nicht mehr an Jesus und an ein Leben nach dem Tod glauben können.
8. Wir danken für das Licht in der Finsternis. Es will uns den Weg zur Freude und zum Freudemachen zeigen. Es mache uns selbst zu Leuchten der Liebe und des Friedens.
9. Wir danken für das Licht in der Finsternis. Es will uns die Welt heller und freundlicher machen. Es leuchte allen, die Angst haben vor Krankheit, Alter und Tod.

10. Wir danken für den Stern Jesus. Er will Wahrheit bringen, wo Lüge und Verführung sich täglich wiederholen. Er leuchte allen in Parlamenten und Kirchen, in Presse und Schule.
11. Wir danken für den Stern Jesus. Er soll verblassen lassen alle Ampeln und Reklamen. Er soll uns den Weg weisen. So ein Stern soll über jedem Haus aufgehen.

Die Kinder können aufgefordert werden, zum 2. Weihnachtstag Sterne zu basteln, an deren Schweif vielleicht sogar steht, warum und für wen er leuchten soll. Vor Beginn des Gottesdienstes hängt sie dann ein Erwachsener ebenso in den Weihnachtsbaum[1].

2. Am Dreikönigstag

Nacheinander kommen Kinder als Sternsinger verkleidet nach vorne, sagen auswendig ihre Sätze und stellen sich dann im Halbkreis um den Altar, wo sie bis zum Ende der Messe stehenbleiben. Insgesamt werden zwölf »Könige« benötigt.

Priester: In Italien gibt es in manchen Kirchen den Brauch, daß Kinder vor der Weihnachtskrippe predigen dürfen. (Wie auch erst am Dreikönigsfest die Bescherung ist und Geschenke verteilt werden.) Auch jetzt kommen Kinder, die euch jeweils eine kurze Predigt halten:

1. Denk' daran: Der große Gott hat uns nicht vergessen. Er hat uns seinen Sohn gesandt, weil er uns liebt – weil er uns nicht allein lassen wollte – weil er alle Menschen retten will.
2. Denk' daran: Der Sohn des großen Gottes lag hilflos und schwach in einer Futterkrippe. Er kam nicht im Königspalast zur Welt. – Er ist zu den Armen gekommen.
3. Denk' daran: Der Sohn des großen Gottes war angewiesen auf eine Frau: auf die Mutter Maria. Sie hat ihn getragen, umhegt und gepflegt. – Gott braucht die Hilfe der Menschen.
4. Denk' daran: Die Hirten finden als erste das Kind in der Krippe, und sie waren damals verrufene Leute! – Jesus kommt zu den Abgeschobenen und Kranken.
5. (König mit Stern!) Denk' daran: Dieser Stern hat uns zu Jesus geführt. Jesus ist der Stern, der allen leuchten kann, die sich in unserer Stadt und überall verlassen vorkommen.
6. (König mit Stern!) Denk' daran: Dieser Stern soll auch allen leuchten, die zu stolz sind und meinen, Gott nicht nötig zu haben.

---

[1] Zuerst veröffentlicht in »Am Tisch des Wortes«, Neue Reihe 165, Stuttgart 1978, S. 79f, wo noch etwas mehr über den Stern ausgesagt wird.

7.–9. (drei Könige kommen gemeinsam)
der 1. spricht: Denk' daran: Es kamen die Weisen aus dem Morgenland zur Krippe.
der 2. spricht: Wir gehörten nicht zu den strenggläubigen Schriftgelehrten.
der 3. spricht: Und fanden doch *vor ihnen* das Kind!
10. (König mit Goldklumpen) Denk' daran: Auch du sollst treu sein wie Gold, das ich als König dem Kinde brachte.
11. (König mit »Schiffchen« voll Weihrauch) Denk' daran: Du sollst dich für Gott verzehren, wie der Weihrauch sich vom Feuer verzehren läßt.
12. (König mit Myrrhen-Salbgefäß) Denk' daran: Du sollst Gott zuliebe dein Leid und den Tod ertragen. Mag alles auch bitter sein wie die Myrrhe, die ich dem Kinde brachte.

Priester: Mit den Königen, die uns so Wichtiges zu sagen hatten, feiern wir gleich das Mahl[2].

3. Aschermittwoch oder am 1. Fastensonntag

Sprecher: Die Fastenzeit ist eine radikale Zeit. Sie will von der Wurzel her alles ändern. Deshalb steht am Beginn ein eindrucksvolles, ja erschreckendes Bild: zu Staub und Asche wird alles, was du sehen kannst. Und mit dieser Asche wirst du berührt. – Deshalb ändere dich, damit du in die Hände Gottes fällst! Einige Jungen und Mädchen haben sich Gedanken darüber gemacht, was zu ändern wäre. Ihre Schuld haben sie auf Zettel geschrieben, die nach dem Vorlesen zu Asche verbrannt werden. (Die guten Vorsätze, auch auf Zettel geschrieben, werden auf den Altar gelegt.) Wer von euch in dieser Fastenzeit mitmachen will, kann sich von dieser Asche nachher ein Kreuz auf die Stirn geben lassen, um allen zu zeigen: auch ich will neu anfangen! (Bitte auswählen!)

1. Wir denken nur noch selten und zerstreut an Gott. Weil wir kaum noch mit ihm sprechen, stirbt er langsam für uns. –
   Ich nehme mir vor, in der Fastenzeit jeden Tag fünf Minuten in der Bibel oder in einem Gebetbuch zu lesen.
   (Das Kind steckt den Zettel an einer Kerze in Brand und legt ihn in die Schale, in der auch schon Asche von den Palmzweigen ist – dann setzt es sich wieder auf seinen Platz.)
2. Wir sind zu sehr hinter dem Geld her und helfen fast nur noch gegen Bezahlung. –
   Ich will versuchen, besonders in der Fastenzeit zu Hause und in der Nachbarschaft mitanzupacken, dafür aber kein Geld anzunehmen.

---

2 Nach Erinnerungen von Kardinal Höffner in seiner Sternsingerpredigt vom 5. 1. 1978.

3. Wieviel Zeit vertrödeln wir durch Träumen! Was stellen wir uns nicht alles vor, was wir werden wollen! –
Ich nehme mir vor, mich täglich wenigstens eine Stunde in der Schule ganz zu konzentrieren und mich auch bei den Hausaufgaben zu beeilen.
4. Wie viele Stunden machen wir durchs Fernsehgucken kaputt! Wieviel Sinnvolleres könnten wir in dieser Zeit tun! –
Ich will versuchen, nur an zwei Tagen in der Woche den Knopf zu drücken.
5. Wir schwimmen gerne mit dem breiten Strom der Masse. Wir haben Angst, schief angesehen zu werden, wenn wir uns einmal anders verhalten. –
Ich nehme mir vor, in der Fastenzeit die Schulmesse regelmäßig zu besuchen.
6. Wir möchten gerne, daß andere uns helfen. Wir selbst drücken uns aber allzuoft, wenn wir anpacken sollen. –
Ich will versuchen, jeden Tag eine gute Tat in aller Hilfsbereitschaft zu tun.
7. Wir können kaum noch verzichten. Immer wieder müssen wir uns etwas in den Mund stecken. –
Ich nehme mir vor, jede zweite Woche auf Süßigkeiten, Kaugummi oder Zigaretten zu verzichten.
8. Täglich sehen wir schöne Sachen, die wir auch haben wollen. –
Ich will versuchen, keine neidischen Gedanken in mir aufkommen zu lassen oder etwa ans Stehlen zu denken.
9. So oft heucheln wir der Umgebung etwas vor und wollen besser erscheinen als wir sind. –
Ich nehme mir vor, meine ehrliche Meinung offen zu sagen und sie auch konsequent zu leben.
10. So oft sagen wir die Unwahrheit. Meistens werden wir schon gar nicht mehr rot dabei. – Jede Lüge entfernt uns von Gott. –
Ich will versuchen, in der Fastenzeit zur hl. Beichte zu gehen.

Sprecher: Wer diese guten Vorsätze durchhält, dem verspreche ich, daß er sich zu Ostern ganz besonders freuen kann:
weil er nämlich seine Ich-Sucht besiegt hat und weil er die guten Kräfte in sich hat wachsen lassen. Wir versuchen es, um Christi willen, der auch den schwierigeren Weg gewählt und gesagt hat: Seid gütig und selbstlos ...

Wenn später das Aschenkreuz gegeben wird, wäre es sinnvoll, einen mit obigem Text abgezogenen Zettel mitzugeben[3].

Anmerkung: Ist obiges zuviel verlangt? Oder stehen wir nur deshalb kurz vor dem Ausverkauf, weil wir allgemein zu wenig verlangen?

---

[3] Nach einer Idee von W. Blasig.

4. Weißer Sonntag: Kommunionkinder-Feier

Zehn Kinder bringen die zehn Teile eines Puzzles nacheinander nach vorne. Bevor sie ihr Teil einem Erwachsenen an der Flanelltafel geben, sprechen sie ihren Text. Zusammengestellt ergibt das Puzzle einen Christuskopf. Größe des Puzzles: mindestens ein Quadratmeter.

1. Heute morgen war ich schon früh wach. Viele Gedanken sind mir durch den Kopf gegangen: der Besuch, die Geschenke, die Messe. Dabei fiel mir das Wichtigste ein: Kommunion heißt: Gemeinschaft. Heute habe ich Gemeinschaft mit Jesus!
2. Weil Jesus sich mit uns verbinden will, darum feiern wir ein Fest mit dem Besten und Schönsten, was wir haben: mit tollem Essen, feinen Torten und besonderen Kleidern. Das alles ist eigentlich für Dich, Jesus.
3. Für die vielen Gäste, die heute zu Besuch sind, danke ich dir, Jesus. Jedesmal, wenn einer gut zu mir ist, kann ich auch dir, Jesus, begegnen.
4. Heute bekomme ich viele schöne und manchmal teure Geschenke. Darüber freue ich mich. Das größte Geschenk ist aber, daß Jesus mir heute ganz nahekommt.
5. Eine Braut macht sich schön für ihren Bräutigam. Mein weißes Kleid soll an ein Brautkleid erinnern. Ich habe mich schön gemacht für meinen Bräutigam. Das ist heute Jesus. Ich bin eine Braut Christi. – Ich will versuchen, ihm treu zu bleiben.
6. Jesus! Laß mich so denken wie eine Braut: Ich will froh sein, wenn ich ganz nahe bei Dir bin. Das Schlimmste wäre: ich würde Dich verlieren. Schicke mir bitte Menschen, die mir mein ganzes Leben lang helfen, immer wieder zu Dir zurückzufinden.
7. Jesus! Du begegnest mir heute im heiligen Brot. Wenn ich eine lange Wanderung vorhabe, dann packe ich in meinen Rucksack auch viel Brot. Jesus! Auf der langen Wanderung meines Lebens zu Gott brauche ich Dein heiliges Brot, um durchzuhalten!
8. Heute beginnt die Freundschaft mit Jesus. Dieser Tag ist nur ein Anfang. Wenn meine Eltern und Paten mir helfen, wird die Freundschaft mit Jesus noch viel enger und schöner!
9. Das heutige Glück will ich nicht nur für mich selbst behalten! Zum Dank will ich mich bemühen, auch meine Hand und mein Herz für die zu öffnen, die es nicht so gut haben wie ich. Durch dieses Verschenken werde ich selbst reicher. Und Jesus wird ein Stück größer in mir!
10. Zum Dank will ich jeden Sonntag zu Dir zurückkommen. Zum Dank will ich versuchen, jeden Tag mit Dir im Gebet zu sprechen.

(Der Priester geht jetzt zum fertiggestellten Puzzle und sagt:) Liebe Jungen und Mädchen! Es kommt auf jeden von euch an! Wenn Jesus in unserer Gemeinde sichtbar werden soll, müssen alle mithelfen. Schon einer (ein Puzzlestück wegnehmen), der nicht mehr mitmacht, entstellt etwas das Gesicht Jesu.

Liebe Eltern! Allein ist ihr Kind in diesem Alter zu schwach. Es braucht ihr Vorbild! Gemeinsam kann es ihnen, kann es uns gelingen!

5. Kerzenspiel in einer Dankandacht für Kommunionkinder

Die Kinder treten einzeln nach vorn, entzünden ihr Licht an den Altarkerzen, sprechen ihre Sätze und stellen dann die Kerze vor das Kreuz.

1. Wir zünden diese Kerze an zum Dank an Jesus. Er hat uns im Sakrament der heiligen Eucharistie ein Zeichen seiner Liebe hinterlassen. Im heiligen Brot gibt er sich uns zur Speise. Wir können den Weg zum Vater leichter finden.
2. Wir zünden diese Kerze an zum Dank für die Menschen, die uns Kommunionkinder auf diesen großen Tag vorbereitet haben: für die Eltern, die uns Jesus zuerst gezeigt haben, und für die Priester, Lehrer und alle Helfer, die uns zur ersten heiligen Kommunion geführt haben.
3. Wir zünden diese Kerze an zum Dank für die vielen Gäste, die uns den heutigen Tag verschönern: Danke unseren Paten, Großeltern, Geschwistern, Verwandten und Freunden. Sie sind oft von sehr weit gekommen, um heute mit uns zu feiern.
4. Wir zünden diese Kerze an zum Dank für die Liebe, die sich auch in den Geschenken zeigt. Darüber wollen wir das größte Geschenk nicht vergessen: Jesus ist uns heute ganz besonders nahe gekommen.
5. Wir zünden diese Kerze an, um Gott zu bitten, daß wir Kommunionkinder Jesus über diesen Tag hinaus treu bleiben.
6. Wir zünden diese Kerze an, um Gott zu bitten für all die Eltern, Geschwister, Paten, Verwandte und Freunde, die nicht mehr an Gott glauben können, weil sie verbittert sind oder enttäuscht oder gleichgültig. Dieser Tag möge ein Anstoß werden, das Leben mit Gott von neuem zu versuchen.
7. Wir zünden diese Kerze an, um Gott für all die Jungen und Mädchen und deren Eltern zu bitten, die das Angebot der heiligen Kommunion nicht angenommen haben.
8. Wir zünden diese Kerze an, um Gott zu bitten für die Jungen und Mädchen in der weiten Welt, die zu arm sind, ein solches Fest zu feiern. Wir wollen das Teilen nicht vergessen.
9. Wir zünden diese Kerze an, um Gott zu bitten für die Jungen und Mädchen in der Diaspora, die es nicht so gut haben wie wir, weil sie dieses Fest nicht in einer so großen Gemeinschaft erleben können.
10. Wir zünden diese Kerze an, um Gott zu bitten für all die Jungen und Mädchen in Ländern, in denen der Glaube an Jesus verboten ist, und die bestraft werden, wenn sie ein solches Fest feiern wollen.

6. Eine Maiandacht

Jedes Kind entzündet am Altar eine Kerze, spricht den Text und stellt die Kerze vor das Marienbild. Dazwischen jeweils ein Liedruf.

1. Mit dem Engel grüßen wir dich, Maria. Du hast ihm geantwortet: »Ja, ich bin eine Magd des Herrn. Mir geschehe, was du gesagt hast.« Jesus, laß mich das auch sagen: Ich will dir dienen. Dein Wille geschehe!

Ruf: Gegrüßet seist du, Maria ... (G. O. Blarr)

Aus: O. G. Blarr, Ich singe dir ein Weihnachtslied, Voggenreiter & Strube Verlag GmbH, München.

2. Als Maria ihre Verwandte Elisabet traf, rief diese mit lauter Stimme: »Gesegnet bist du vor allen Frauen und gesegnet ist die Frucht deines Leibes!«
Auch wir rufen voller Freude: »Gesegnet bist du, Maria. Und gesegnet ist Jesus, das Kind, das du geboren hast!«

Ruf: Mutter Gottes, wir rufen zu dir!: (Grüssauer Marienrufe, Mainzer GL 914)

3. Als Maria ihren Sohn gebar, wickelte sie ihn in Windeln und legte ihn in eine Krippe. Über Jesu Geburt freut sich der Himmel. Wir stimmen mit ein in den Lobgesang der Engel und rufen: »Jetzt ist der Anfang des Friedens bei den Menschen. Gott hat gezeigt, wie sehr er uns liebt: denn er schenkt uns seinen einzigen Sohn!«

Ruf: Ave, Ave, Ave Regina: (Lourdes-Wallfahrtsruf)

4. Immer wieder staunt Maria über das, was über Jesus gesagt wird. Der greise Simeon sagt: »Jesus wird ein Zeichen sein, dem widersprochen wird! Dir selbst wird ein Schwert durch die Seele dringen!«

Weil auch wir Jesus nahestehen, kann es uns nicht besser ergehen. Darum folgen wir ihm auch in Kreuz und Leid.

Ruf: Gegrüßet seist du, Maria (G. O. Blarr)

5. Maria und Josef haben den zwölfjährigen Jesus voller Angst in Jerusalem gesucht. Drei Tage lang. Manche Menschen suchen Jesus ein Leben lang.
Maria, hilf uns und allen Menschen, deinen Sohn zu finden. Dann finden wir auch Gott.

Ruf: Maria, wir dich grüßen. O Maria hilf! Maria, hilf uns all in diesem Erdental. (Kölner GL 947)

6. Maria stand am Kreuzweg und sah Jesus unter dem Kreuz zusammenbrechen. – Wieviel Not sehen wir jeden Tag – bei uns und in der weiten Welt. In jedem Leid begegnet uns Jesus.
Maria! Laß uns vor dem vielen Leid der Welt nicht gleichgültig werden. Gib, daß uns die Not der Menschen zu Herzen geht.

Ruf: Patronin voller Güte, uns allezeit behüte! (GL 595)

7. Maria mußte zusehen, wie ihr Sohn am Kreuz starb. Aber sein Tod brachte uns neues Leben.
Maria! Bitte bei deinem Sohn, daß Schuld und Leid sich in Heil verwandeln, damit die Welt wieder heil wird.

Ruf: Schau voll Huld vom Himmelsthron. Bitt' für uns beim lieben Sohn, o Jungfrau Maria! (Kölner GL 954)

8. Der tote Sohn wird Maria auf den Schoß gelegt. Ihr Schmerz ist so groß wie das Meer.
Maria, du verstehst deshalb alle, die vor deinem Bild bitten. Tröste sie und gib ihnen neuen Mut durch deinen Sohn Jesus Christus.

Ruf Gegrüßet seist du, Maria... (G. O. Blarr)

9. Maria durfte den Triumph des auferstandenen Jesus erfahren. Jesus lebt – und alle Menschen dürfen Hoffnung haben über den Tod hinaus.
Maria! Gib auch allen neue Hoffnung, die nicht an die Auferstehung glauben können. Bitte auch für uns: jetzt und besonders in der Stunde unseres Todes.

Ruf: Laßt uns erfreuen herzlich sehr, Halleluja.
Maria seufzt und weint nicht mehr, Halleluja,
Halleluja, Halleluja, Halleluja! (GL 585)

10. Maria war mitten unter den Aposteln, als der Heilige Geist alle erfüllte. Alle waren von Jesus be*geist*ert. – Maria erlebte den Anfang. Der Funke der guten Nachricht von Jesus entzündete die ganze Welt.
Maria! Gib, daß auch heute viele Menschen sich für Jesus und seinen Geist öffnen. – Denn nur so können wir Feuer fangen.

Ruf: Salve, salve, salve Maria!: (GL 573)

11. Maria wurde als erste von Jesus in den Himmel aufgenommen. Jesus zeigte an Maria, was er auch mit uns vorhat.

Jesus, wir danken dir, daß du an Maria gezeigt hast, wie du die Welt und die Kirche einmal vollenden willst.

Ruf: Ave, Ave, Ave Regina!

12. Maria ist die Königin der Apostel und Heiligen. Maria ist die Schwester aller, die auf dem Wege zu Gott sind.
    Darum rufen wir zu dir, Maria: Steh' uns bei in Freude und Leid, bis wir einmal mit dir glücklich sind – durch deinen Sohn Jesus Christus.

Ruf: Gegrüßet seist du, Maria ... (G. O. Blarr)

7. Ein Gottesdienst vor Ferienbeginn

Sprecher: Etwas Wunderschönes liegt vor uns: die langersehnten Ferien! Was haben wir alles geplant! Was erhoffen wir alles! Jungen und Mädchen haben darüber nachgedacht, und in diesen Rucksack da (oder in den Ferienkoffer) legen sie jetzt einiges hinein, worauf sie in den Ferien nicht verzichten möchten:

Das Kind tritt jeweils nach vorne und zeigt kurz den Gegenstand, den es *nach* dem Text im Rucksack verstaut. Danach setzt es sich wieder.

1. (Sonnenbrille) Ich wünsche mir viel Sonne, nicht nur die von oben, sondern auch Sonne – als schöne Gemeinschaft in der Familie oder Gruppe.
2. (Badehose) Wie freue ich mich auf das nasse Vergnügen! So nach Herzenslust schwimmen und tauchen und Reiterkämpfe machen!
3. Diese Uhr möchte ich nicht mitnehmen. Ich möchte endlich einmal nicht gehetzt werden von Stundenplänen, Terminen und all den Dingen, bei denen ich auf die Minute pünktlich sein muß (legt die Uhr daneben).
4. Diesen großen Holzlöffel lege ich hinein, weil ich mich schon so auf das gute Essen freue.
5. (Bergschuhe) Auf hohe Berge will ich klettern und mir dabei einiges abverlangen; denn ich möchte das herrliche Gefühl erleben, den Gipfel bezwungen zu haben. Ob ich dabei auch die Nähe und Größe Gottes spüre?
6. Diese Krawatte will ich nicht mitnehmen. Ich bitte meine Eltern um Verständnis, daß ich in den Ferien das Bequeme liebe und nicht immer äußerlich adrett und nett angezogen sein will (neben den Rucksack legen).
7. Diese Vergrößerungslinse soll mir helfen, wieder genauer hinzusehen, um die kleinen Dinge am Wege besser zu erkennen.
8. Dieses alte Hörrohr soll ein Zeichen dafür sein, daß ich auch wieder lernen will, mehr zuzuhören – und nicht zu meinen, ich wüßte schon alles.
9. (Groschenheft und Buch) Bei schlechtem Wetter habe ich viel Zeit zum Lesen. Aber Groschenhefte verderben nur meine Phantasie (legt es daneben). Ich nehme ein gutes Buch mit (legt es in den Rucksack).

10. Dieser Kieselstein hier ist ein Wunder. Er ist viel älter als die gesamte Menschheit. Was mag er alles schon gesehen haben! – Ich will in den Ferien wieder das Staunen lernen oder mich einmal an einen Bach setzen, um dem Spiel der Wellen zuzuschauen.
11. Diesen Ball darf ich nicht vergessen. Hoffentlich spielen die Eltern ab und zu mit. – Ich möchte mich austoben und jede Stunde gründlich ausnützen.
12. (Gitarre) Ob ich das erleben darf: Liedersingen am Lagerfeuer – und danach noch eine Nachtwanderung?
13. Damit ihr, liebe Eltern, es nicht vergeßt: Ich lege den Autoschlüssel *nicht* in den Rucksack. Das soll bedeuten: Wenn wir am Urlaubsort angekommen sind, ist es uns viel lieber, wenn ihr mit uns spielt – als daß wir stundenlang mit dem Auto herumfahren.
14. Ja, auch das Gebetbuch soll mit! Denn Ferienzeit heißt nicht: Urlaub von Gott! Sonntags will ich die Kirche besuchen, um Gott zu zeigen, wie ernst ich ihn nehme. Ich will auch nicht so sehr enttäuscht sein, wenn dort nicht so schöne Lieder gesungen werden wie bei uns hier.
15. Diese Postkarte hätte ich beinahe vergessen: Die Kirche vom Urlaubsort soll darauf abgebildet sein. Die schicke ich dem Herrn Pastor oder Kaplan (Vikar). Auch in den Ferien will ich mich an die Gemeinschaft mit unserer Kirche erinnern. (Diese Karten hängen dann zum Schulbeginn im Vorraum der Kirche aus.)
16. (Scherbe eines Spiegels) Als letztes diese Scherbe. Sie gehörte einmal zu einem schönen Spiegel. Er ist heruntergefallen. Er soll mich daran denken lassen: Es wird nicht alles so toll, wie wir es uns jetzt vorstellen. Aber auch wenn einiges schiefgeht, wollen wir nicht hoffnungslos enttäuscht sein und miese Stimmung haben. Denn was sollen die erst sagen, die sich gar keinen Urlaub leisten können?

Sprecher: Wir wollen jetzt einen Augenblick still werden und Gott bitten, daß er uns und allen eine schöne Urlaubszeit schenkt – ohne furchtbare Unglücke und ohne Enttäuschungen. (Stille)[4]

8. Erntedank

Priester: Herr, es gibt so viel Schönes in der Welt! Was läßt du alles wachsen, damit wir leben können. Da können uns oft die Augen übergehen. Dafür wollen wir dir heute danken.

Die Kinder kommen jeweils aus den Bänken nach vorne und haben in der Hand eine von den Früchten, die sie in ihrem Text aufzählen. Das kann natürlich auch eine Dose mit Pfirsichen sein – oder Erdbeermarmelade. Nachdem das Kind den Text gesprochen hat, legt es die Frucht etc. auf den Tisch, der sowieso schon mit Früchten zum Erntedank dekoriert ist. Dann bleibt es noch stehen,

---

[4] Nach einer Idee von W. Willms.

bis alle Kinder ihren Text gesprochen haben, um den letzten Satz – auswendig – dann mit den anderen zusammen zu sprechen.

1. Wieviele Beerensorten gibt es allein! Sie wachsen im Wald, in der Heide, im Garten, an Zäunen und Hecken. Da läuft einem das Wasser im Munde zusammen: bei Brombeeren, Himbeeren, Waldbeeren, Preiselbeeren, Stachelbeeren, Johannisbeeren, Heidelbeeren, Erdbeeren.
   Gott! Sie sprechen alle für sich.
   Aber mehr noch für dich. – Wir danken dir.
2. Oder erst mal, was alles an den Bäumen wächst. Ich denke da zuerst an die Kirschen: süße, saure und wilde. Ich bekomme nie genug davon! Und mir fällt noch mehr ein: Pflaumen, Mirabellen, Aprikosen, Pfirsiche, Äpfel und Birnen.
   Gott! Sie sprechen alle für sich.
   Aber mehr noch für dich. – Wir danken dir.
3. Und die Nüsse! Walnüsse, Haselnüsse, Erdnüsse, Kokosnüsse und Paranüsse. Und all die Nüsse, die Du uns sonst noch zum Knacken gibst!
   Gott! Sie sprechen alle für sich.
   Aber mehr noch für dich. – Wir danken dir.
4. Aber viel wichtiger sind Weizen und Roggen, Gerste und Hafer, auch Mais und Reis und Hirse. So viele Körner kann keiner zählen! Und was erst daraus gemacht wird! Wie duften und schmecken Weiß- und Graubrot, Schwarzbrot und Mohnbrot, Zwiebelbrot und Eifeler-Brot. Und jeden Morgen die frischen Brötchen! Und erst mal die Teilchen und der Kuchen!
   Gott! Sie sprechen alle für sich.
   Aber mehr noch für dich. – Wir danken dir.
5. Auch die Südfrüchte sind ein Gedicht. Wir hätten sie beinahe vergessen: die Apfelsinen, Bananen, Zitronen, Clementinen, Pampelmusen, Feigen und Datteln und auch die Melonen.
   Gott! Sie sprechen alle für sich.
   Aber mehr noch für dich. – Wir danken dir.
6. Hier *eine* Kartoffel (das Kind hebt sie hoch). Was nicht alles daraus entsteht: Reibekuchen, Kroketten, Püree, Chips, Klöße und nicht zuletzt die heißgeliebten Pommes frites!
   Gott! Sie sprechen alle für sich.
   Aber mehr noch für dich. – Wir danken dir.
7. Oder hier die Milch: Wir lieben die Butter, den Käse, Quark, Yoghurt und Sahne, den Pudding, Kakao und Schokolade. Und vergessen wir nicht: Wie oft schlecken wir Eis!
   Gott! Das spricht alles für sich.
   Aber mehr noch für dich. – Wir danken dir.

Alle: Guter Gott! Wir danken dir![5]

---

[5] Nach einer Idee von W. Willms.

Das gleiche ist noch möglich mit Gemüse, den Meeresfrüchten... Oder wie wäre es mit einer »Blumenlitanei«?

9. Fest Allerheiligen

Sprecher: Es kommen jetzt Jungen und Mädchen, die uns von großen heiligen Männern und Frauen berichten. Wieviele Namen könnt ihr behalten? – Alle sind deshalb heiliggesprochen worden, weil sie besonders gut Jesus nachgefolgt sind. Jeder Heilige ist seinen eigenen Weg gegangen: damals und gestern. So wie wir heute unseren Weg suchen müssen.

Nacheinander kommen die Kinder mit dem jeweils zu nennenden Gegenstand aus der Bank nach vorn. Sie sprechen ihren Text und bleiben stehen. – Bitte auswählen!

1. Dieser dicke Stein hier (der Gegenstand wird jeweils kurz hochgehoben) soll uns an den ersten Märtyrer erinnern. Denn die Leute warfen so lange mit solchen Steinen auf den hl. Stephanus, bis er tot war. Stephanus hielt an Jesus fest, auch als er deswegen verlacht und verflucht wurde. Stephanus hat uns gezeigt, wie wir bis in den Tod Jesus treu bleiben sollen.
2. Dieses Goldstück erinnert an einen Heiligen aus England. Der hl. Thomas Morus lebte vor rund 450 Jahren. Er war Mitglied des Parlaments. Er mußte sterben, weil er dem König, Heinrich VIII., nicht mehr dienen wollte. Denn dieser hatte sich wegen einer Frau zum Haupt der Kirche von England gemacht. – Dieses Goldstück hier ließ Thomas Morus dem Henker auszahlen, den er sogar vor seinem Tod umarmte. Thomas Morus zeigt uns: Der Tod ist der Geburtstag für den Himmel. Darum kann ich auch im Tod noch froh sein.
3. Diese Bibel erinnert an einen Mann, der Deutschland zu Christus führte. Sie erinnert an den hl. Bonifatius. Rastlos zog er durch das ganze Land und verkündete das Wort Gottes. Am bekanntesten wurde er dadurch, daß er ein Heiligtum der Heiden, eine Eiche, einfach mit der Axt abschlug. Bonifatius zeigt uns, daß uns für Jesus nichts zuviel sein darf.
4. Diese Gitarre erinnert uns an einen Heiligen, der immer sehr fröhlich war und viele Lieder gesungen hat. Sie erinnert an den hl. Franziskus. Er ist deshalb so froh und frei gewesen, weil er Abschied nahm von seinem reichen Vater und arm und einfach lebte. Er hat der Kirche, die damals zu zerfallen drohte, wieder neuen Schwung gegeben. Franz von Assisi zeigt uns, daß wir im Wohlstand nicht glücklich werden können, weil wir unser Herz an zu viele Dinge hängen.
5. Dieses Seil erinnert an Don Bosco. Er war schon als Junge pfiffig, spielte oft Zauberkünstler oder machte Akrobatik auf dem Seil, um Jungen und Mädchen heranzulocken und sie dann zum Guten zu ermuntern. Er nahm sich später der gefährdeten Jugend an. Er wäre der richtige Mann für unsere Stadt gewesen. Bei

seinem Tod im vorigen Jahrhundert wurden in den Don Bosco-Heimen rund 130000 Jungen und Männer betreut. Don Bosco zeigt uns, wie wir, um Gutes zu tun, Mut und auch Phantasie haben müssen.

6. Dieses Körbchen mit Brot erinnert uns an die hl. Elisabeth von Thüringen. Sie verschenkte alles, was sie hatte, an Arme und Hungrige. Das brachten ihr Feindschaft und schlechtes Gerede ein. Elisabeth zeigt uns, wie wir Jesus gerade in den Hungernden und Kranken finden können.
7. Diese Verbandstasche erinnert an den hl. Vinzenz von Paul. Er kümmerte sich um Galeerensträflinge und Waisenkinder. Im 30jährigen Krieg pflegte er in Lazaretten mit vielen Helfern Verwundete und Heruntergekommene. Er fürchtete sich auch nicht vor ansteckenden Seuchen. Sein Begräbnis in Paris glich einem wahren Triumphzug.
   Der hl. Vinzenz zeigt uns, wie wirkliche Liebe zu den Menschen uns gar nicht zur Ruhe kommen lassen darf.
8. Dieses Gebetbuch erinnert an die hl. Monika. Sie war die Mutter des großen Kirchenlehrers Augustinus. Sie betete über dreißig Jahre lang, daß ihr Sohn doch den richtigen Glauben fände. Die hl. Monika zeigt uns: Das Gebet für einen anderen ist nie vergeblich – auch wenn wir lange warten müssen.

Am Schluß steht unsere Pfarrpatronin – die Heilige unserer Kirche. Hier müßte jeder Entsprechendes selbst einsetzen.

9. Diese Rose soll an die hl. Theresia vom Kinde Jesu, unsere Pfarrpatronin, erinnern. Theresia hat einmal gesagt: »Ich werde Rosen vom Himmel regnen lassen!« Damit meinte sie: Ich werde immer bei Jesus für euch bitten.
   Die »kleine Theresia« zeigt uns, daß die Heiligen jederzeit Gutes für uns erflehen.

Sprecher: Danke! – Diese Jungen und Mädchen wollen jetzt aber nicht die ganze Messe über hier stehen bleiben. Wenn ihr (in den Bänken) den richtigen Namen des Heiligen, an den sie uns erinnert haben, nennen könnt, dürfen sie sich wieder setzen.

10. Aufnahme von Mädchen in die Ministranten-Schar

Vergleichen Sie hierzu Sprechspiel Nr. 4 mit zehn Puzzle-Teilen, die einen Christuskopf ergeben. Oder: Die Mädchen bringen Bausteine (Kartons), auf denen ihr Vorname steht; zusammengesetzt ergeben die Bausteine eine Kirche. Bevor nun das Mädchen seinen Text spricht, wird es jeweils von einem Sprecher mit Namen und Adresse der Gemeinde vorgestellt.

1. Die Nachfolge Christi ist *der* Weg, dem Leben einen tiefen Sinn zu geben. Um aber fest an Jesus glauben zu können, brauchen wir das überzeugende Vorbild besonders unserer Eltern, der älteren Geschwister, unserer Freunde und Erzieher.
2. Wir wollen versuchen, nicht nur Taufscheinchristen zu sein, sondern lebendige Glieder der Gemeinschaft aller Christen, einer Gemeinschaft, in der sich jeder wohlfühlen kann.

3. Ohne Zuverlässigkeit, Pünktlichkeit und manchen Verzicht kann keine Gemeinschaft wachsen.
4. Jeder in unserer Gemeinschaft ist wichtig. Wir bemühen uns, durch Lob und aufbauende Kritik, aber auch in Geduld uns gegenseitig zu stärken. Wir möchten auch die mit anderen Vorstellungen akzeptieren.
5. Wir versuchen, keine Angst zu haben, unseren christlichen Standpunkt in der Klasse zu vertreten. Nur wer von seiner Sache nicht überzeugt ist, steckt den Kopf in den Sand.
6. Wir werden als Christen unglaubwürdig, wenn auch nur einer gleichgültig wird oder bequem. Wir bitten für die, die sich auf Kosten anderer gehen lassen.
7. Viele unserer Klassenkameraden und Bekannten gehen nicht mehr in die Kirche oder haben nur ein Lächeln dafür übrig. Wir brauchen die Hilfe aller Christen, damit uns der Glaube und unser Bekenntnis leichter fallen. Wir bitten auch für alle Ministranten, die aus der Gemeinschaft ausgeschieden sind, daß sie *ihren* Weg zu Christus finden.
8. A. Wir Ministranten sind nur ein kleiner Teil in unserer Pfarre.
   B. Unsere Pfarre ist nur ein Teil in unserem Dekanat.
   A. Das Dekanat Benrath ist nur ein kleiner Teil in der Diözese.
   B. Die Diözese Köln ist nur ein kleiner Teil in der Weltkirche.
   A. Entscheidend ist, daß jede kleine Gemeinschaft von Christen überzeugt.
   B. Dann können andere Jesus Christus in der Kirche wiedererkennen.
9. Mädchen und Frauen kommen in der Amtskirche bisher kaum zu Wort. Wir bitten darum, daß auf allen Ebenen der Kirche die Frauen gleichrangig mit den Männern behandelt werden.
10. Jesus Christus vereinigt in seiner Kirche Farbige und Weiße, Arme und Reiche, Gelehrte und Ungebildete, Sünder und Heilige. Jesus, laß uns endlich weniger auf das Äußere achten als auf die Herzen der Menschen, damit dein Vater auch für uns ein Herz hat.

Andere Sprechspiele in dieser Art finden sich in *Wir freuen uns auf die Predigt*, S. 36 (an Neujahr), S. 37 (Passion am Palmsonntag), S. 40f (zwei Sprechspiele in der Osternacht). Außerdem in *133 Kinderpredigten*, S. 69 (zu Pfingsten).

V. Zeichenpredigten

Bezüglich der Vorbemerkungen und der Grundregeln bei Zeichenpredigten verweise ich wieder auf *Wir freuen uns auf die Predigt* (S. 43f) und *133 Kinderpredigten* (S. 11–13). Das Wichtigste ist: den Mut haben, vielsagende Gegenstände überhaupt mitzubringen. Der Gegenstand muß die ganze Predigt »durchhalten«, also nicht nur Aufhänger sein. Und die Aussagen müssen auch dem zuhörenden Erwachsenen etwas geben können – aber das gilt ja für alle Arten der Kinderpredigten. Und was das Schöne ist: Diese Predigten werden wegen des sichtbaren Zeichens auf Jahre hin in ihrer Aussage auch im Gedächtnis behalten.

Außer den beiden oben genannten Büchern habe ich mittlerweile noch zwei neue Bücher mit Zeichenpredigten geschrieben, und zwar »144 Zeichenpredigten durch das Kirchenjahr. Mit Gegenständen aus dem Alltag«, Grünewald/Mainz, 1989[4] und »99 Kinderpredigten. Mit Gegenständen aus dem Alltag«, Grünewald/Mainz 1988[2].

Die Zeichenpredigten 1–6 sind für Familiengottesdienste, 7–9 für Erwachsenengottesdienste gedacht.

Die ersten beiden Beispiele schildern nicht nur die Zeichenpredigt, sondern zeigen: ihre Aussagen ziehen sich wie ein roter Faden durch alle Texte der Messe.

1. Jeder darf hoffen

Ein alter Weihnachtsbaum, der kaum noch Nadeln trägt, in dessen Geäst aber noch ein wenig Lametta glitzert, liegt wie vergessen im Chorraum. (Wer sich scheut, ihn mitzubringen, kann auch den Inhalt so wiedergeben: Da hat in einer Kirche ein Kaplan einen alten Christbaum mitgebracht...)
Auf der Rückwand der Kirche kann in großen Buchstaben ein Vers aus dem Sonntagsevangelium stehen: »Allen aber, die ihn aufnahmen, gab er Macht, Kinder Gottes zu werden« (Joh 1,12a).

Persönliche Begrüßung

Eröffnung: Heute habe ich für euch alle eine gute Nachricht. Diese frohe Botschaft kann euch ein Leben lang helfen. Ihr werdet sehen! – Zuerst wollen wir mit Gott sprechen:

Tagesgebet: Guter Gott! Deinen Sohn Jesus können wir nicht nur in der Krippe sehen. Jeden Tag können wir ihm begegnen: in den Menschen, die uns liebhaben; in den Menschen, die in Not sind; in den Kranken; in denen, die beiseite geschoben werden; in den Alten und Einsamen; in denen, die Kummer mit sich herumtragen. Schenke uns Augen, die deinen Sohn Jesus nicht übersehen. Das bitten wir...

Predigt

(Der Prediger – es muß ja nicht unbedingt der Priester sein – holt aus dem Chor den alten Christbaum zeigt ihn und sagt:)
Manche Leute haben es sehr eilig, ihren Weihnachtsbaum wieder loszuwerden. Wenn ihr ganz gut hinhört, könnt ihr sogar verstehen, was der Baum sagt!
(Der Prediger hält jetzt den Baum hoch, so daß er »durch« den Baum spricht:)
Es ist gerade ein paar Wochen her, da stand ich noch im Wald. Es war schön: mein grünes Gewand und das Rauschen der Bäume..., bis ich eines Tages harte Männerstimmen hörte. Sie blieben auch vor mir stehen und sagten: »Der ist auch gut gewachsen.« Dann blitzte eine Axt, und sie nahmen mich mit. Ich habe mich gern abschlagen lassen, ich wußte ja, wofür! Auch am Kaufhaus lag ich nicht lange. Wieder standen Leute um mich herum, fanden mich schön und ließen mich zusammenbinden. Das hat mir nicht weh getan: ich wußte ja, wofür! Dann kam der große Tag! Sie schmückten mich mit Kerzen, bunten Kugeln und Lametta, und alle schauten auf mich. Ich hörte schöne Weihnachtslieder, roch den Duft des Gebäcks und sah die leuchtenden Augen! Es war so schön, wie ich es mir vorgestellt hatte. – Aber dann passierte es – viele Tage später. Da traf mich zum ersten Mal ein böser Blick, und ich hörte die Worte: »Der fängt schon an zu nadeln.« Dann wurde es von Tag zu Tag schlimmer. Kaum einer beachtete mich noch. Und schließlich wurde ich gepackt, und alles wurde mir abgenommen. Lieblos zerrten sie an mir herum, und im Dunkeln schleppten sie mich auf die Straße. Das tat weh: Keiner beachtete mich mehr, bis ich hierhin gebracht wurde!
(Der Prediger hält jetzt den Baum zur Seite:)
Ja, so ist das auf der Welt – das sollten wir eigentlich wissen: Was noch so schön war, aber dann nicht mehr gefällt, das landet im Müll.
So geht es auch uns Menschen oft. Wenn du klein bist, steht alles um dich herum und bewundert dich. Auch die Großen stehen noch im Mittelpunkt. Aber eines Tages fängt es an: die Nadeln fallen, d.h. die Haut wird schlaffer, die Haare werden immer grauer, es geht alles nicht mehr so schnell wie früher und schließlich wirst du abgeschoben, nicht mehr beachtet, weggeworfen wie ein abgenadelter Tannenbaum, den man nicht mehr gebrauchen kann.
Du kannst Angst haben vor den Leuten, die sich so leicht über die »Wegwerfmenschen« hinwegsetzen, denn morgen kannst *du* schon dazugehören durch einen Unfall, eine versteckte Krankheit – schon ist es passiert!
Aber – wir haben etwas übersehen! Seht genauer hin!
(Der Prediger zeigt wieder den Baum und zieht langsam ein wenig Lametta heraus:)
Das Lametta sollte uns an etwas erinnern...

Hier wird auf eine andere Predigt zurückgegriffen, die die Gegensätze »armselige Krippe – geschmückter Tannenbaum« geklärt hat: Das erste Kommen Christi in Armut – das zweite Kommen in Macht und Herrlichkeit: Bedeutung der goldenen Kugeln und des Lamettas. Siehe Zeichenpredigt Nr. 5 in *133 Kinderpredigten.*

... Es soll auf den wiederkommenden Jesus hinweisen. Wenn Jesus wiederkommt, wird der Herr des Himmels und der Erde das Schwache stark machen, das Weggeworfene wieder heraussuchen, das Geknickte wieder aufrichten, das Glimmende wieder anzünden. Weil Jesus so etwas Großartiges vorhat, sollen wir jetzt schon anders mit diesen Menschen umgehn! Woher ich das weiß?
(Der Prediger nimmt das Lametta mit zum Ambo.)

Evangelium: Joh 5,1–9 oder eine Perikope über Totenerweckung.

Jesus kam nach Jerusalem. An einem Tor der Stadtmauer war ein großer Teich. Fünf Hallen gab es um ihn herum. Und in diesen Hallen waren Kranke, Blinde und Abgezehrte. Auch Lahme lagen auf ihren Matten. – Also lauter Menschen, an denen die »Nadeln schon abgefallen waren«. Sie suchten dort Heilung im Wasser. Denn von Zeit zu Zeit brach in der Tiefe eine Quelle mit heilendem Wasser hervor und sprudelte nach oben. Dann beeilten sich die Kranken, schnell in den Teich zu kommen. Denn wer zuerst kam, der wurde gesund; ganz gleich, welche Krankheit er hatte, er wurde geheilt.
Die Kranken glaubten: Das macht ein Engel. Er bewegt von Zeit zu Zeit das Wasser; dann kann es heilen. Darauf warteten sie. Sie saßen und lagen und starrten ins Wasser, gespannt und wie gebannt. Ich werde der erste sein, dachte jeder, gleich, gleich ... Nun war da ein Kranker unter den anderen, der lag da schon achtunddreißig Jahre. Acht-und-dreißig Jahre! Er war gelähmt. Er hatte viel gelitten. Für ihn gab es keine Heilung. Er konnte nicht in das Wasser kommen; er war zu schwach, zu krank.
Und nun kam Jesus und sah diesen Kranken. Jesus – Gott – sah den Lahmen an. Da sagten die anderen: »Er ist sehr krank. Er liegt da schon achtunddreißig Jahre.« Und Jesus trat zu ihm und fragte: »Willst du gesund werden?« – Da schaute der Kranke auf: »Wie kann ich das? Ich habe keinen, der mir hilft. Wenn dort im Wasser Bewegung ist, schleppe ich mich zwar dahin, komme auch fast heran, aber – schon ist es zu spät: ein anderer war eher da. So ist es immer. Es hilft mir keiner. Da sprach Jesus, der Herr: »Steh auf!«
(Der Prediger hält wieder das Lametta hoch: Jesus hat die Macht!)
»Nimm dein Bett. Geh!« Und siehe, es geschah sogleich: Er stand auf. Er nahm seine Matte und ging davon. Er war auch ohne Wasser geheilt. Gott hatte ihm geholfen[1].
(Hier kann der Priester auf den Text an der Kirchenwand zeigen und – besser im Präsens – sagen:)
Allen aber, die Jesus aufnehmen, gibt er Macht, Kinder Gottes zu werden!

Fürbitten

Wir wollen für die beten, bei denen »die Nadeln schon abgefallen sind«: Herr Jesus Christus, höre uns an!

---

[1] Vgl. D. Steinwede, Zu erzählen deine Herrlichkeit, Göttingen 1965, 82f.

1. Es gibt so viele kranke und behinderte Kinder und Erwachsene. Sie fühlen sich oft zurückgesetzt und allein.
2. Jesus! Schenke ihnen gute Ärzte, freundliche Krankenschwestern und liebevolle Helfer.
Hilf uns, oft an sie zu denken, daß wir sie gut begleiten und ihnen freundlich begegnen.

Liedruf: Herr erbarme dich, erbarm dich unser,
erbarme dich unserer Zeit! (P. Janssens)[1a]

1. Es gibt so viele Kinder und Erwachsene, für die keiner Zeit hat, die sich immer abgeschoben fühlen, die nicht wissen, wozu sie noch leben sollen.
2. Jesus! Laß uns nicht blind an ihnen vorüberlaufen. Zeige ihnen durch uns wieder Sinn fürs Leben. Laß sie dich als die Mitte allen Suchens und als Antwort auf alle Fragen entdecken.

Liedruf: Herr erbarme dich, erbarm dich unser...

Gabengebet: Herr, so wie du diese Gaben von Brot und Wein verwandelst, verwandle auch uns: schenke uns neuen Glauben, neue Hoffnung und neue Liebe – bis du kommst in Herrlichkeit...

Präfation: Ja, Vater, wir danken dir vor allem für deinen Sohn Jesus, der uns Hoffnung gegeben hat über den Tod hinaus, der keinen abschreibt, der jeden immer wieder neu anfangen läßt. Darum singen wir voller Freude mit allen Engeln und Heiligen...

Nach der Kommunion

Ein Vorbeter spricht die folgenden Sätze vor, und alle wiederholen:
Herr, laß uns Liebe bringen, wo einer haßt.
Laß uns verzeihen, wo uns einer Unrecht tut.
Laß uns trösten, wo einer Kummer hat.
Laß uns auf die zugehen, die links liegengelassen werden.
Laß uns die besuchen, die krank sind.
Ja, Herr, mach uns zum Werkzeug deiner Liebe.
So kommt der Friede überall.
In unsere Häuser – und in die weite Welt.

Schlußgebet: Mächtiger Gott! Schenk uns die Augen Jesu, um Not zu sehen. Schenk uns die Füße Jesu, um hinzugehen.
Schenk uns die Hände Jesu, um zu helfen. Dann wirst Du zum guten Ende führen, was wir begonnen haben...

[1a] Vgl. Kap. I, Anm. 2a.
[2] Zuerst veröffentlicht in »Am Tisch des Wortes«, Neue Reihe 165, Stuttgart 1978, S. 6–10.

Hinweis: Die Kinder können sich vom alten Weihnachtsbaum ein Ästchen mitnehmen (das Lametta reicht ja nicht weit), um auch zu Hause noch daran erinnert zu werden, daß Jesus auch aus »Wegwerf-Menschen« Gutes machen wird – oder: um eventuell den Eltern die Predigt zu erzählen[2].

2. Ihr seid das Salz der Erde

Zu Beginn der Fastenzeit

Am Eingang erhält jeder Teilnehmer kommentarlos ein Tütchen mit etwas Salz.

Persönliche Begrüßung: Schön, daß ihr zum Gottesdienst da seid. Wenn wir uns Mühe geben, wird es eine Feier, die uns alle etwas froher machen kann. – Zuerst wollen wir Gott um Verzeihung bitten für alles, was wir an Gutem unterlassen haben.

Hinführung (Lehrer oder Priester): Immer wieder erleben wir in diesen Tagen: Mit Salz versuchen die Leute, Eis und Schnee zu vertreiben, damit kein Fußgänger ausrutscht und sich etwas bricht oder die Straßen befahrbar sind. Salz ist so stark, daß es einen Eispanzer schmelzen lassen kann. Ein wunderbares Bild: Heute sagt Jesus im Evangelium: »Ihr seid das Salz der Erde!« Wir sollen uns am Beginn der Fastenzeit auf unsere Kräfte besinnen: Es gibt so viel Kälte zwischen Menschen, so viele Eispanzer selbst um die Herzen vieler Christen. Da können wir nur etwas ändern, wenn wir zusammenhalten. Denn zusammengezählt sind wir schon ... Salzkörner!

Gebet: Vater, Du hast ein Herz für uns. Dein Sohn hat es uns gesagt. Er war *das* Salz für diese Welt, das nie seinen Geschmack, nie seine Würze verloren hat. So laß uns jetzt auf ihn schauen und dich bitten um seine göttliche Kraft, durch Christus, unseren Herrn.

Evangelium: Jesus sagte, und er sagt es jetzt zu uns: Ihr seid das Salz der Erde. Wenn das Salz seinen Geschmack verliert, womit kann man es wieder salzig machen? Es taugt zu nichts mehr, es wird weggeworfen und von den Leuten zertreten (Mt 5,13).

Predigt (je nach Alter auswählen)

Jetzt will ich keine »gesalzene« Predigt halten. Aber ich bitte dich, das Tütchen in die Hand zu nehmen, das dir beim Hereinkommen gegeben wurde. Öffne es, mach' den Zeigefinger etwas naß, hole etwas Salz heraus und laß es langsam auf der Zunge zergehen. Ja, du mußt jetzt die Kraft des Salzes richtig schmecken, mit all deinen Sinnen spüren! Fünf Gedanken sage ich zum Salz. Du brauchst nicht alle behalten. Merke dir nur *eine* Bedeutung und die versuche, ganz in dich aufzunehmen.

1. Salz kann Eis zum Schmelzen bringen. Du hörtest es schon am Anfang. – Jesus will vielleicht mit den Worten »Ihr seid das Salz der Erde« sagen: Überall, wo wir die

tödliche Kälte zwischen Lehrer und Schüler, zwischen Eltern und Kindern, zwischen Nachbarn und Bekannten ... spüren, da sollen wir wie Salz wirken: auflösend, aufbrechend, befreiend.

2. Salz schützt vor Fäulnis. – Hast du schon einmal gesehen, wenn Fische ausgeladen werden? Sie sind in Salz gebettet, um nicht so schnell zu verderben und zu verfaulen. – Jesus meint: Überall, wo etwas faul werden kann: im Staat, in der Schule, zu Hause, d. h. immer da, wo Mauern (der Trennung) errichtet und Menschen in die Ecke gestellt werden, wo Rufmord begangen und Haß gepredigt wird, wo Terror herrscht und faule Kompromisse geschlossen werden, wo sich Menschen absondern von Gott und den Mitmenschen, da müssen wir was unternehmen: das Böse überwinden durch das Gute, das auf die Dauer »ansteckender« ist.
3. Salz gibt den rechten Geschmack. – Was wären Pommes frites ohne Salz, was ein Ei oder die Speisen ohne diese Würze? Wir Christen sollen die Würze für diese Welt sein, die anderen wieder mehr Mut zum Leben gibt... Was kann schon eine kleine Prise Freude bewirken! Und was geschieht erst, wenn wir auf den Geschmack gekommen sind, wirklich mit Jesus zu leben!
4. Salz trägt. – Wer von euch schon im salzigen Meereswasser (durchschnittlich 3,5% Salzgehalt) geschwommen hat, weiß, daß es besser trägt als Süßwasser. Es läßt dich nicht so schnell untergehen. Wenn ihr später mal einen Urlaub in Israel verbringen könnt, dann fahrt auch zum Toten Meer: es hat 23% Salzgehalt. Das bedeutet: du brauchst überhaupt nicht schwimmen zu können; du kannst im Wasser liegen und Zeitung lesen und gehst doch nicht unter! Jesus meint: Wir sollen zum tragenden Grund werden für die, die unterzugehen drohen, weil sie mit ihren Problemen nicht fertig werden. Wir sollen die mittragen, denen der Boden unter den Füßen brüchig geworden ist. Das Leben wird schon erträglicher, wenn wir uns besser miteinander vertragen. »Einer trage des anderen Last«, sagt der Apostel Paulus.
5. Salz erhält Leben. – Die Menschen in den heißen Ländern Afrikas sterben oft nicht am Hunger, sondern – aus Mangel an Salz. An heißen Tagen im Sommer kannst du den Tip in Zeitungen lesen: Der Haushalt unseres Körpers gerät »durch erhöhten Salzverlust infolge Hitzeeinwirkung durcheinander«, darum stark salzhaltige Speisen zu sich nehmen! – Wir sollen das Leben derer erhalten, die durch Mangel an Liebe auf abschüssigen Straßen entlangirren; die sich nach Anerkennung, nach einem guten Wort sehnen. Warum sind wir damit so sparsam?[3]

Früher streute der Priester dem Kind, das getauft wurde, ein wenig Salz auf die Zunge und sagte: »Empfange das Salz der Weisheit...« Ein alter Brauch, der dich ahnen lassen kann, was Jesus seinen Freunden sagen will: »Ihr seid Salz für diese Welt!«
Nimm das Tütchen als Andenken mit nach Hause. Und wenn du einmal müde und schal,

[3] Punkte 2–5 verändert und verkürzt aus einer Rundfunkansprache vom 21. 9. 1975 von Pfr. Hubert Janssen.

fad und ausgebrannt bist, dann nimm eine Prise Salz heraus, laß' es auf der Zunge zergehen und denke an das, was du dir von den fünf Punkten merken wolltest.

Das »Salz der Erde« kann auch gut an Heiligen aufgezeigt werden, die ihre Umwelt verändert haben, z. B. der Priester Klemens Maria Hofbauer, der Apostel Wiens. Er liebte vor allem die armen Menschen. Eines Tages ging er wieder mit seinem Hut durch eine Gaststätte, um für die Notleidenden Geld zu sammeln. Dabei kam er auch zu einem Mann, der alles haßte, was mit der Kirche zu tun hatte. Der fuhr ihn an: »Wie kommen Sie dazu, mich um Geld zu bitten?« Und er spuckte dem Priester ins Gesicht. Dieser zog ruhig sein Taschentuch heraus, machte sich das Gesicht wieder sauber und sagte dann ganz bescheiden: »Das war für mich. Nun geben Sie mir bitte noch was für meine Armen.« Und er hielt ihm erneut den Hut hin. – Es wird berichtet, daß dieser Mann so beeindruckt war, daß er ihm den ganzen Inhalt der Geldbörse in den Hut schüttete.
Oder der spätere Pfarrer von Ars, Jean Vianney. Als er noch auf der Schulbank saß, war er ein Kreuz für seine Lehrer. Er wollte aber unbedingt Priester werden, nur war ihm der Lehrstoff zu schwierig. Er hatte so wenig Talent, daß er im Alter von 21 (!) Jahren von einem 12jährigen Klassenkameraden Nachhilfeunterricht bekam. Als ihm der Zwölfjährige zum xten Male etwas erklärt hatte und Vianney es immer noch nicht verstand, ohrfeigte der Junge ihn vor allen anderen Schülern. Aber Vianney schlug nicht zurück, er kniete sich vor den Zwölfjährigen hin und sagte: »Verzeih mir. Entschuldige, daß ich so dumm bin!« Darauf war der Junge nicht gefaßt. Diese Haltung berührte ihn so, daß er über sich selbst weinte.

Lied: Ihr seid das Salz der Erde[4].

Glaubensbekenntnis

1. Viele Menschen sagen: »Ich glaube nicht an Gott. Man sieht doch, die Welt ist in allem Leid sich selbst überlassen!«
2. Ich aber glaube: Nicht Gott will das Unglück in der Welt. Das meiste Leid kommt durch den Menschen, weil er nur an sich denkt, weil er zu wenig teilt.
3. Viele sagen: »Ich glaube nicht an Jesus. Er ist am Kreuz gescheitert!«
4. Ich aber glaube: Jesus ist vom Tod auferstanden. Er hat uns gezeigt: Es geht auch nach dem Tod noch weiter. Er ist noch da, wenn alle anderen uns im Stich lassen.

1. Viele sagen: »Ich glaube nicht an Gottes Geist in der Welt. Wir Menschen sind die Herren über alles!«
2. Ich aber glaube: Alles Gute wird durch Gottes Geist gewirkt. Er ist nicht nur in der Kirche am Werk. Er will, daß wir Christen Salz für diese Erde sind und uns besonders in der Welt für das Gute einsetzen: Damit Liebe und Gerechtigkeit nicht nur leere Worte sind.

Fürbitten (je nach Alter verkürzen und vereinfachen)

Priester: Herr Jesus Christus, du willst, daß wir Salz für diese Welt sind.

1. Herr, Salz kann Eis schmelzen lassen. Laß uns die tödliche Kälte zwischen den Menschen aufbrechen helfen. – Stille –

---

[4] Text + Melodie: Hubert Janssen, aus der »Ameländer Jugendmesse«, LP »Ihr seid das Salz der Erde«, Schwann studio 455, Edition Schwann, Musikverlag, 6 Frankfurt/M. 70.

2. Herr, Salz verhütet Fäulnis. Laß uns das Salz deiner Botschaft und Liebe überall hintragen, wo etwas faul ist. –
3. Herr, Salz macht schmackhaft. Laß die Christen neue Würze in diese Welt bringen, damit immer mehr Menschen Geschmack finden an deiner guten Nachricht von Gott. –
4. Herr, Salz kann tragen. Laß deine Kirche zum tragenden Grund werden für alle, die abzusinken drohen. –
5. Herr, Salz läßt leben. Laß deine göttliche Liebe durch uns in der ganzen Welt neue Hoffnung ausstreuen. –

Priester: Ja, Vater, eine Prise Deines göttlichen Salzes, und die Welt sähe anders aus. Wir bitten darum durch ...

Gabengebet: Herr, diese Gaben von Brot und Wein wollen uns Deine Nähe schenken. Gib uns neue Kraft, damit das Salz in uns nicht schal und geschmacklos wird. Das bitten wir ...

Nach der Kommunion

1. Christus hat keine Hände. Nur unsere Hände, um seine Arbeit heute zu tun. Herr, laß uns unsere Chance nicht verschlafen.
2. Christus hat keine Füße. Nur unsere Füße, um Menschen auf seinen Weg zu führen. Herr, gib uns Mut, auf andere zuzugehen.
3. Christus hat keine Lippen. Nur unsere Lippen, um den Menschen von ihm zu erzählen. Herr, schenke uns Deine Liebe, damit wir überzeugen.

1. Wir sind Gottes letzte Botschaft. Wir sind die einzige Bibel, die die Öffentlichkeit noch liest. Wir sind Salz für diese Erde. Herr, laß uns nicht versagen.
2. Es kommt der Tag, wo Jesus uns fragen wird, wieweit wir die Welt zum Besseren verändert haben, wieweit wir für Gerechtigkeit gekämpft haben.
3. Wo Gerechtigkeit wird, hat das Elend ein Ende. Da wird die Erde neu[5].

Schlußgebet: Herr, wir danken Dir, denn Du hast uns mit Deinem Wort und mit Deinem Brot gestärkt. So laß uns für diese Welt zum Salz werden, das Eis schmilzt – vor Fäulnis schützt – den rechten Geschmack am Leben gibt – trägt – Leben erhält. Das bitten wir ...[6]

---

[5] Nach einem Gebet aus dem 14. Jahrhundert.

[6] Zuerst veröffentlicht in »Gottesdienste mit Kindern und Jugendlichen«, Verlag Bergmoser & Höller, Aachen, März 1979.

3. Wie kann ich andere ändern?

(Eine stachelige Kaktee mit oder ohne Blüte)

Siehst du diese Kaktee? Egal, von welcher Seite ich an sie heranwill, überall sind die Stacheln im Wege, überall tue ich mir weh. – Vielleicht bist du schon solchen Menschen begegnet: egal, wie du dich ihnen näherst, du triffst auf Stacheln, du tust dir weh.
Aber keine Kaktee hat so viele Stacheln, daß nicht Platz für eine Blüte wäre! Manchmal mußt du viel Geduld haben mit einer Kaktee: Monate, Jahre. Aber wenn sie dann eine Blüte trägt, gehört sie mit zu den schönsten Blüten, die wir kennen. Jeder Mensch, und wenn er noch so viele Fehler – Stacheln – hat, bekam in seinen frühen Jahren so viel Liebe und Anerkennung geschenkt, daß er genügend Kraft hat, eine Blüte hervorzubringen. Andernfalls könnte er jetzt schon nicht mehr leben. Wir müssen nur genügend Geduld aufbringen, warten können, auf der Suche bleiben, dann können wir bei jedem zwischen den Stacheln auch das Gute – die Blüten – erkennen.
Jesus war einer, der uns gezeigt hat, wie Gott denkt. Jesus traf auf viele Menschen, die nur Stacheln zeigten. Aber er reibt sich nicht an diesen Stacheln, er spricht diese Menschen nicht auf ihre Fehler an, sondern versucht, sie an ihren guten Stellen, an den möglichen Plätzen für Blüten, aufzuschließen. Da ist z. B. der Zöllner. Jesus wußte natürlich auch, was für Halsabschneider das waren, die es mit der Besatzungsmacht, den Römern, hielten. Aber er verachtet sie nicht wie die anderen, er spricht sie nicht auf ihre Stacheln an, sondern er sagt: »Bei dir möchte ich heute einkehren!« (Zachäus). Oder: »Dich will ich zum Jünger haben!« (Mattäus). Oder: Er schickt die Frau nicht fort, die ihn mit kostbarer Salbe überschüttet (Lk 7,36–50), er nimmt sie sogar in Schutz: »Sie hat viel geliebt, so wird ihr auch viel von Gott verziehen!« – Hätte er sie aber an ihren Stacheln angesprochen mit: »Du Dirne! Was willst du hier? Du willst mich wohl in schlechten Ruf bringen!« – sie hätte noch mehr Stacheln bekommen. (Oder: Der Schächer am Kreuz ...)
Jesus zeigt also, *wie* wir Menschen ändern können: nur mit Güte und – indem wir sie nicht auf ihre Fehler ansprechen.
Du weißt nicht, wieviel Stacheln du selbst hast; du weißt nicht genau, woran die anderen sich bei dir stoßen und weh tun. Aber wenn du willst, daß andere und auch Gott mit dir Geduld haben sollen, dann hab' auch mit den Fehlern anderer Geduld. Dann trägst du dazu bei, daß sich andere »bekehren« und ändern.
(Die Kaktee an einen gut sichtbaren Platz stellen – wie immer bei Zeichenpredigten.)

Fürbitten

Priester: Herr Jesus Christus! Du willst jetzt schon eine Welt, in der sich alle wohlfühlen. Wir rufen Dich an:

1. Wir alle haben viele Stacheln. Herr, wie Du Geduld mit uns hast, laß uns nachsichtig mit den Fehlern anderer sein.
2. Wir alle sehnen uns danach, gelobt zu werden und anerkannt zu sein. Herr, laß uns die Welt heller machen, indem wir andere mehr loben und anerkennen.

3. Wir alle kritisieren gern. Herr, mach uns fähig, in einer Kritik zuerst das Positive zu sagen.
4. Wir alle möchten zufrieden und glücklich sein. Herr, laß uns bei der Suche nach dem Frieden nicht nur unseren eigenen Kräften trauen.

Priester: Dann kannst du, Herr, mit uns zusammen jetzt schon am Reich des Friedens und der Güte bauen, der Du mit dem Vater und dem Heiligen Geist lebst und herrschest als Gott von Ewigkeit zu Ewigkeit[7].

4. Jetzt schon an der »neuen Erde«, am Himmel bauen!

Am Fest Christi Himmelfahrt
(Ein sehr großer Reißverschluß)

Manche meinen, Himmel und Erde liegen weit auseinander. Das stimmt, und das stimmt nicht. – Es gibt nämlich zwei Himmel: den Himmel, von dem es regnet und an dem Sterne und Weltraumschiffe ziehen – und den Himmel, von dem Jesus spricht.

---

[7] Zuerst in anderem Zusammenhang veröffentlicht in »Prediger und Katechet«, 1/1979.

Da hieß es eben (Joh 14,3): Jesus sagt: »Wenn ich hingegangen bin und euch einen Platz bereitet habe, komme ich wieder und werde euch zu mir holen, damit auch ihr dort seid, wo ich bin.« Dieser Platz, dieser Himmel, von dem Jesus spricht, ist nicht irgendwo weit weg, sondern er kann ganz nah bei uns sein. Das will ich euch heute klarmachen.
Hier habe ich einen großen Reißverschluß mitgebracht. Er ist noch offen, und jetzt fallen die beiden Hälften weit auseinander. Dazwischen liegt der Läufer: so nennt man dieses kleine Eisenstück in der Mitte. Er kann beide Seiten miteinander verbinden (siehst du), wenn ich den Reißverschluß langsam zuziehe. Die eine Seite des Reißverschlusses bedeutet jetzt unsere Erde – so wie es wirklich bei uns zugeht: Manchmal ist es gar nicht schön; es gibt Tränen, ja Mord und Totschlag. – Die andere Seite des Reißverschlusses ist der Himmel, den Jesus meint: Das ist kein Ort irgendwo, sondern der »Zustand des Glücks«, das heißt, wenn du manchmal ganz glücklich bist, dann spürst du etwas von dem, was Jesus mit dem »Himmel«, dem Platz bei ihm, gemeint hat: Freude, Glück, Zufriedenheit, Liebe. –
Ja und rate mal, was denn nun der Läufer in der Mitte bedeutet. Der Läufer, das ist der Mensch, das bist du. Du kannst die Tränen der Erde jetzt schon weniger werden lassen (eine Seite des Reißverschlusses festhalten), wenn du (Läufer langsam ziehen) jetzt schon ein Stück Himmel auf die Erde holst: Wenn du versuchst, dich so zu verhalten wie Jesus es dir immer wieder sagt (auf die andere Seite des Reißverschlusses deuten). (So auch immer bei den folgenden Beispielen.) Das zeige ich dir an vier Beispielen:

1. Zu Hause ist oft die Hölle los. Und im Hinterkopf weiß jeder, wie er es anders machen müßte. Aber ob Friede wird, ob Versöhnung schnell gelingt, liegt an dir, am Läufer ... Bei den Erwachsenen ist es ähnlich. Da kann manchmal eine Atmosphäre sein, wo jeder am liebsten laufen ginge. Das Miteinander geht nur, wenn wir jeden Tag von neuem anfangen, darüber sprechen ...
2. In der Schule. Der Lehrer schreit dich an, und du spürst: nein, das werde ich nie in den Kopf kriegen. – Der gestern noch zu dir hielt, übersieht dich heute ... Ob es wieder schön wird, liegt auch an dir ...
3. Die Diaspora. Z. B. die Situation in den neuen östlichen Bundesländern: In jedem 13. Dorf nur ein Priester. Die Kirchen sind arm, weil sie die Kirchensteuer selbst einholen müssen. Kinder und Jugendliche sind umworben von denen, die nicht an Gott glauben. Und wer noch zur Kirche geht, bekommt es durch Nachteile in Schule und Arbeit zu spüren. Da können wir hier auch wieder ein Stückchen Himmel bringen durch die Brücke des Gebetes, durch unser Geldopfer ...
4. Oder das heilige Brot gleich auf dem Altar: ein Stück Himmel! Aber ob das draußen spürbar wird, daß der Himmel dich hier berührt hat, das liegt an dir und mir: wieweit wir uns öffnen für Jesus, damit er uns verändern kann.

Wir können also jetzt schon ein Stück Himmel auf der Erde sichtbar machen (der Reißverschluß ist jetzt ein gutes Drittel zugezogen). Aber ihr seht, wie wenig wir erst geschafft haben. Wir werden es allein auch gar nicht fertigbringen.
Wenn Jesus sagt (Joh 14,3): »Wenn ich hingegangen bin und euch einen Platz bereitet

habe, komme ich wieder und werde euch zu mir holen, damit auch ihr dort seid, wo ich bin«, dann trifft erst ganz zu, was wir eben herausgefunden haben: Alles Häßliche und Ärgerliche ist vernichtet, wenn Jesus wiederkommt. Dann wird es nur noch Freude, Friede und Liebe geben, nicht irgendwo weit oben oder unten, sondern es kann hier sein, wo Gott uns in Jesus ganz, ganz nahe ist.
Nicht, daß ihr denkt: dann kann ich ja die Hände in die Hosentasche stecken, Jesus wird es ja schon machen! Nein, wenn morgen die Welt untergeht, pflanzt der Christ heute seinen Apfelbaum, hat mal einer gesagt. Das heißt: mit allen Kräften wollen wir die Erde zum Himmel machen, bis Jesus kommt und uns sichtbar hilft an der neuen Erde, die dann der neue Himmel ist[8].

5. Die Klammer, die uns zusammenhält

Zum Schuljahrsbeginn
(eine große Wäscheklammer, wie sie oft als Papierhalter auf Schreibtischen gebraucht wird)

Diese Wäscheklammer besteht aus zwei Plastikteilen, die durch eine Stahlfeder zusammengeklammert werden. Wenn die Feder in der Mitte fehlt, sind die beiden Hälften fast wertlos, weil sie das Wäschestück oder den Blätterstoß nicht halten können.

Eine Freundschaft ist mehr als die Summe zweier Personen

Denk' an deinen Freund oder deine Freundin! Was hält euch zusammen? (Sympathie, gemeinsame Interessen...). Auch ein Streit bringt euch nicht auseinander. Eine richtige und gute Freundschaft strahlt auch noch auf andere aus. Sie ist nicht nur für sich selbst da.

Eine Familie ist mehr als die Summe von Eltern und Kindern

Denkt an eure Familie! Da heißt die Klammer, die euch zusammenhält: Treue, Liebe, Gewöhnung aneinander... Wenn die Mutter oder ein Kind krank ist, leidet die ganze Familie mit. Eine Familie ist zum Davonlaufen, wenn sie nur noch Versorgungsstätte ist, wo ich essen, schlafen, fernsehen kann, aber die nicht gastfreundlich ist: Bring nur ja keinen mit nach Hause, der könnte ja etwas schmutzig machen... Eine gute Familie ist offen für andere, kann ein wenig auch noch andere mittragen und aufrichten.

Eine Fußballmannschaft ist mehr als die Summe von elf Spielern

Denkt an eine Fußballmannschaft! Wenn sie nicht mehr ist als elf Spieler, wird sie es nicht weit bringen. Doch wenn sie die Klammer des Ehrgeizes zusammenhält, der unbedingte

---

[8] Zuerst veröffentlicht in »Prediger und Katechet«, 3/1978.

Wille zum Sieg, das harte Training, der Verzicht über das Nötige hinaus, dann können unglaubliche Ziele erreicht werden; dann werden nicht nur Zuschauer mitgerissen und angesteckt.

Eine Klasse ist mehr als die Summe ihrer Schüler

Und jetzt deine Klasse! Wenn ihr dreißig einzelne Schüler seid, die nur lernen sollen, dann wirst du wahrscheinlich widerwillig zur Schule gehen. Aber da kann mehr sein: Denk' an die Klammer! Ihr könnt eine Gemeinschaft werden, die füreinander einsteht; die auch dich formt, indem sie deine Ecken abrundet; die den Schwächeren mitträgt; die den Lehrer nicht nur als Wissensvermittler und Pauker ansieht. Dann wird nicht nur euer Kopf geschult, eure ganze Person wird geformt. Ja, staune ruhig: nur so kannst du dich in der Schule wohlfühlen. Und was ihr auf die Beine bringt, würde auch andere Klassen aufmerksam machen und anspornen.

Ein Gottesdienst ist mehr als die Summe der Anwesenden

Jetzt noch ein wichtiger Vergleich: Wir sind jetzt hier rund ... Personen. Nicht mehr? Was glaubst du, wie heißt hier die Klammer? – Die Klammer, die uns hier hält, ist der Glaube an Jesus Christus. Wenn es Ihn nicht gäbe, wären wir jetzt nicht hier. Bei der hl. Kommunion kannst du am deutlichsten diese Klammer spüren: wir werden *mit* Christus verbunden und *untereinander*. Diese Klammer soll sich auch außerhalb des Gotteshauses zeigen. Mindestens ein Gruß müßte möglich sein als Zeichen des gemeinsamen Glaubens, wenn ihr euch draußen begegnet, auch wenn der andere aus einer ganz anderen Klasse ist. Die anderen dürfen spüren: die verbindet etwas; sie dürfen ruhig nachdenklich werden. So kann diese innere Klammer dich fähig machen, noch andere mitzubringen ...
Dazu gibt es eine interessante Stelle in der Apostelgeschichte, die ich dir vorlesen möchte:
Alle, die gläubig geworden waren, hielten zusammen und hatten alles gemeinsam. Sie verkauften Hab und Gut und teilten davon allen mit, jedem, wie er es nötig hatte. Sie lobten gemeinsam Gott und waren beim ganzen Volk beliebt (2,44.45.47a).
Die Klammer, die die erste Christengemeinde zusammenhielt, Jesus Christus, läßt die anderen sogar sagen: »Seht, wie sie einander lieben!« Das zeigte sich vor allem außerhalb des Gottesdienstes in der Herzlichkeit und im Teilen.
Ich wünsche euch für das neue Schuljahr, daß eure Klasse mehr darstellt als die Summe von dreißig Schülern, die Wissen eingetrichtert bekommen. Ich wünsche mir für die Schulgottesdienste im neuen Jahr, daß etwas über die Kirchenmauern ausstrahlt von dem, auf das wir uns hier besinnen.

Fürbitten

Priester: Vater, deine Liebe ist die Klammer, die uns zusammenhält. So bitten wir:
1. Schenk' unserer Klasse und unseren Lehrern den guten Willen, einander zu helfen und noch mehr zusammenzuwachsen.

2. Laß Jesus für uns immer mehr zu einer Klammer werden, in der wir all unsere Gegensätze überwinden können.
3. Laß uns spüren, daß dein Sohn in unserer Mitte lebt und uns in jedem Mitschüler begegnen kann.
4. Laß Jesus für mich die Klammer werden, durch die mein ganzes Leben einen Sinn bekommt.

Priester: Denn dann, guter Gott, macht es mehr Freude miteinander: hier, in der Schule und überall[9].

6. Nicht unterkriegen lassen!

(Ein Stehaufmännchen)

Dieser Tage habe ich einen tollen Kuli geschenkt bekommen (der Prediger hält ihn noch in der Hand verborgen), der hat eine interessante Eigenschaft: Ich wollte ihn hinlegen, so wie jetzt, aber ... er funktioniert wie ein Stehaufmännchen. Er ist nicht unterzukriegen, egal, von welcher Seite ich auch angreife.
So etwas kommt öfter vor. (Jetzt ein Beispiel aus der Fußballbundesliga erzählen, in der ein »sicherer« Absteiger sich wie ein »Phönix aus der Asche« erhebt. Oder: wer gab bei der Fußballweltmeisterschaft 1974 noch etwas auf die Bundesrepublik, als die »DDR« 1:0 gewonnen hatte? Oder ein Beispiel aus dem Boxsport, der Politik ...)
Ein Christ müßte eigentlich auch so sein!
Der Vater der »kleinen« heiligen Theresia vom Kinde Jesu sagte einmal seinen Kindern: »In den Schwierigkeiten (Widrigkeiten und Erschütterungen) eures Lebens müßt ihr es machen wie die Stehaufmännchen: nach jedem Fall gleich wieder aufstehen!«
Wir haben doch ganz andere Vorbilder als Sportler mit ihrem vorbildlichen Willen! Zum Beispiel der Pfarrer von Ars, dem immer wieder gesagt wurde: Du bist zu dumm zum Priester. Aber trotz aller Enttäuschungen und Rückschläge versuchte er immer wieder, seine Berufung zu beweisen. – Da ist die hl. Monika, die rund 30 Jahre um die Bekehrung ihres Sohnes, des hl. Augustinus, betete und nie aufgab ... Und schließlich: denken wir an Jesus selbst! Als er sein Kreuz zum Kalvarienberg trug, ist er dreimal unter der Last zusammengebrochen. Aber das Entscheidende war: Dreimal ist er wieder aufgestanden und weitergegangen. Ja, er ist sogar vom Tod auferstanden! Dieser Jesus ruft uns zu: Komm, folge mir nach. Steh' immer wieder auf, auch wenn du noch so tief gefallen bist. Gott gibt dich nie auf!
Ich darf euch noch eine schöne Stelle zu diesem Thema aus der Bibel vorlesen: Petrus hat Jesus verleugnet. Und gerade diesen Petrus läßt Jesus wieder aufstehen; er überträgt ihm sogar die Leitung seiner Kirche!

---

[9] Zuerst veröffentlicht in »Prediger und Katechet«, 5/1978.

Evangelium: Johannes 21,15–17: Weide meine Schafe!

Viele Alltagsgegenstände haben so viel »Tiefgang«, daß sie sich genauso für Erwachsenenpredigten eignen würden. Drei Beispiele zum Nachprüfen:

7. Unsichtbar kann der Glaube wachsen

(Ein Bergkristall)

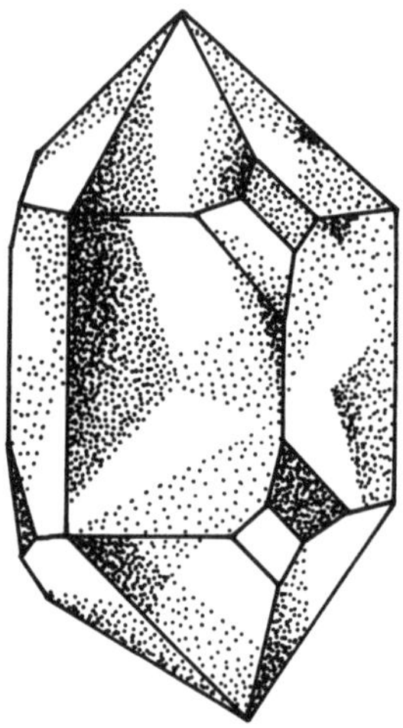

Diesen schönen Bergkristall habe ich mir einmal aus den Ferien mitgebracht. Ist er nicht herrlich? Er ist nicht geschliffen worden: dieser sechskantige Turm ist so gewachsen. Sie können sogar hindurchsehen, so klar ist er. Es ist wirklich zum Staunen: so ein Kristallturm wächst auf Felsen. Über ihn fließen jahraus, jahrein die Regenwasser, die Schmelz- und Quellwasser. Und aus all den vielen Wasserangeboten zieht er sich nur das Richtige heraus, die richtigen Salze (Silizium – kristallisierter Quarz), die er zum Wachsen braucht. Und er wächst und wächst – unmerklich, in Jahrzehnten und Jahrhunderten. Und er wächst *gegen* die Richtung all der Wasser, die auf ihn niederfließen, gegen die (Schwer-)Kraft, die alles zu Boden zieht. Dieser Kristall ist ein wunderbares Bild für unseren Glauben an Jesus. Wir wissen: In der Taufe hat dieser Glaube begonnen. Seitdem kann er unmerklich wachsen. Wir müssen nur aus all dem, was Woche um Woche auf uns niedertropft und uns manchmal schmutzig machen kann, immer das herausziehen, was unserem Glauben nützt, was unseren Glauben wachsen läßt. Manchmal vergessen wir fast, wie das »Gesicht« Jesu aussieht, was er uns sagen will.

So habe ich in letzter Zeit einige Bücher gelesen von Leuten, die direkt gegen die Kirche schreiben. Da steht viel Richtiges drin: wieviel Kleinkariertes es in der Kirche gab und gibt, wievieles falsch gemacht wurde...

Aber dann sehe ich auch wieder mit der anderen Brille: Wer will schon etwas an *Jesus* kritisieren? Nur unsere Versuche, seine Botschaft umzusetzen, sind so jämmerlich ausgefallen. Und welche Alternative wird dann in diesen Büchern und Illustrierten für unseren Glauben angeboten? Da wird nur kritisiert und unmöglich gemacht, aber es werden keine befriedigenden Antworten geboten.

Nach einer solchen Lektüre, muß ich sagen, ist trotzdem mein Glaube dann irgendwie gewachsen, fester geworden. Heute kann aber einer auf Dauer nur noch dann gegen den Strom schwimmen, nur noch dann Christ bleiben, wenn er (und das ließe sich mit Zahlen und Analysen belegen)

1. ein religiöses Elternhaus hat (oder hatte)
2. eine Bindung an eine christliche Gemeinschaft hat
3. eine persönliche Glaubensüberzeugung hat und
4. etwas in der Kirche tut[10].

Aber wer sich um den Glauben bemüht, kann entgegen vielen häßlichen Dingen, die zu sehen und zu hören sind, etwas Klares in sich stärker werden lassen, indem er sich immer wieder fragt: Was hätte Jesus jetzt an meiner Stelle getan? Jetzt, wo einer traurig ist; jetzt wo einer sich freut? – Sich immer wieder fragen: Was hätte Jesus jetzt getan?! Dann wächst langsam in uns der Glaube – unmerklich: Der feste Glaube an Jesus, der alles überwunden hat.

Der Mann, der mir diesen Berkgristall gegeben hat, sagte mir, der Kristall sei härter als Stahl. Haben Sie schon Menschen erlebt, deren Glaube so stark ist, daß er durch nichts erschüttert werden kann, deren Glaube Berge versetzen kann?

Evangelium: Davon erzählt uns auch das Evangelium: Der Glaube kann wachsen und wachsen, bis er alles besiegen kann (Mt 13,31–32 [33]: Das Gleichnis vom Senfkorn).

8. Zum Kern vorstoßen

Für Jugendliche und Erwachsene. Hier: Fastenzeit
(eine Nuß)

Um zum Kern dieser Nuß vorzustoßen, muß ich die Schale beseitigen. Das soll ein Bild sein für die Tatsache, daß wir manchmal schon an der Schale hängenbleiben. Einige Beispiele:

---

[10] Diese vier Punkte nach Paul M. Zulehner, Christsein in Diasporasituation, Kölner Beiträge, Neue Folge, Heft 2, S. 21.

a) Unsere Feste. Warum können wir uns nicht mehr so richtig darauf freuen? Feiern wir zu oft? Zu lang (und viele heucheln Freude)? So spüren wir bei manchen Festen und Feten nur noch die Schale! – Aber das ist zu ändern! Oft sind es banale Kleinigkeiten. Wir müßten z. B. mehr untereinander sprechen. Können nicht weniger Anlässe mehr bringen? Warum nicht einige Geburtstage zusammenlegen? Warum einigen wir uns nicht auf symbolische Geschenke, z. B. jeder bringt nur eine Blume mit, oder es darf nur für 1 Mark etwas – mit Fantasie – gekauft werden! Durch solche und ähnliche Überlegungen ist die Chance größer, uns wirklich zu begegnen, auszuspannen, durch Freude stärker zu werden!
b) Auch unser Konsum kann zur harten Schale, Reichtum zum Fluch werden. Wir behängen uns mit allem Möglichen und merken nicht, wie sehr wir schon in der Sackgasse stecken. Wie heißt es in unseren liturgischen Texten? »Durch das Fasten des Leibes hältst du die Sünde nieder, erhebst du den Geist ...« »Die Entsagung mindert in uns die Selbstsucht ...« So ist auch die Bußordnung der Bischöfe für die Fastenzeit zu verstehen: Wer Ostern in Freude begehen will, soll aus *religiösen* Gründen Fast- und Abstinenztage einlegen, soll innerlich umkehren durch Beichte und Bußgottesdienst, soll sich mehr um das Gebet, das Lesen der Heiligen Schrift, um die zusätzliche Werktagsmesse bemühen, soll sich Spürbares vom Munde absparen, um durch das gewonnene Geld der Herausforderung der Dritten Welt gerechter zu werden. (Denn nur, wenn wir anders leben, können andere überleben.) Merken wir, wo der Kern liegen kann?
c) Die heilige Messe. Die Schale an diesem kostbaren Gut kann unsere Zerstreutheit hier sein. Kein Wunder, wenn ich kurz vorher noch in die Sportzeitung (Sportschau ...) sehe; wenn ich im letzten Moment angehetzt komme, wenn ich die Zeit abstehe; das Gebetbuch für mich unmännlich ist: laß die Frauen singen! – Ich kann zehnmal zur hl. Kommunion gehen: Wenn ich mich nicht bewußt innerlich öffnen kann für Jesus Christus, dann kann er auch nicht in mir wirken.
   Wo bleiben die Stille-Zonen in der Woche? Sonst kommt eben hier nur hoch, was ich in der Woche alles versäumt habe. Und was ist der Kern der hl. Messe? – Um es nur an *einem* Beispiel zu zeigen: Bei der Gabenbereitung wird ein Tröpfchen Wasser in den Wein geschüttet. *Wir* sind das Tröpfchen Wasser! Und so wie es sich mit dem Wein vermischt, so eng sind wir hier mit Christus verbunden, wenn wir uns wirklich darauf einlassen!

Mein Wunsch zur Fastenzeit: Laßt uns mehr Schalen aufbrechen!

9. Gedanken zum Tod

Für Jugendliche und Erwachsene. November
(Wagenrad, Pfeil mit Bogen und eine Zielscheibe)

Dieses Wagenrad gibt gut den Standpunkt der östlichen Religionen wieder: Der Mensch steht wie die Natur im Kreislauf des »Stirb und Werde«. Nach dem Tod kommt die Wiedergeburt: erst durch viele Tierkörper bis wieder hin zum Menschen. Darum auch der Schutz der heiligen Kühe; es könnte ja ein Mensch auf dem Wege seiner Wiedergeburt getötet werden! Rindfleisch, wie in unseren Schaufenstern, ist für einen Inder unfaßbar. Und wenn Wiedergeburt, dann sollen die Sterbenden auf den Straßen ruhig sterben: das ist eben ihr Schicksal auf dem Weg zu einer anderen Stufe des Lebens. (Mutter Teresa von Kalkutta, die solche Sterbenden pflegt, ist zwar mittlerweile von der indischen Regierung in ihrer Arbeit anerkannt; viele Inder aber haben für sie kein Verständnis.)
Dieser Pfeil mit Bogen kann *unsere christliche Sicht* veranschaulichen: Gott schießt uns, diesen Pfeil, ab. (So schreibt der Prophet Jesaja: Der Herr hat mich schon im Mutterleib berufen. Als ich im Schoß meiner Mutter war, hat er meinen Namen genannt... Er machte mich zum spitzen Pfeil und steckte mich in seinen Köcher ... 49,1.2)
Dann fliegt der Pfeil – wir leben. Wir sind auf die Zielscheibe hin abgefeuert, aber es bleibt unsere freie Entscheidung, wo wir genau landen wollen. Wir können uns auch zu Boden fallen lassen. Um auch in Nebel und Stürmen unser Ziel zu finden, haben wir als Hilfe eine Antenne: unser Gewissen. – Im Tod begegnen wir Jesus. Gewiß, der Tod ist der schmerzhafte Aufprall auf der Zielscheibe, aber hier ist für den Pfeil die Erfüllung, das Ausspannen, die frohe Gewißheit: das Ziel ist getroffen. Im Flug war unser Herz noch unruhig (Augustinus), es gab ein Gestern, ein Morgen. Wenn wir in der Zielscheibe ruhen, gibt es nur noch ein Jetzt, Ewigkeit. Die neben die Zielscheibe fallen – wir umschreiben es mit »Hölle« – werden sich in Gewissensbissen und Vorwürfen mit ihrem totalen Egoismus auseinandersetzen müssen.

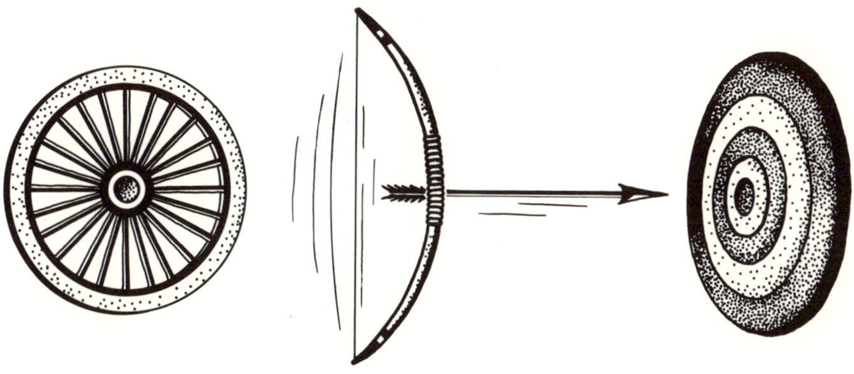

Wir, die wir unterwegs sind, sollen uns daran erinnern, daß wir nur Gast auf Erden sind, daß unser Ziel woanders liegt, daß wir hier nicht zu feste Türme errichten.
(Dann werden die Gegenstände verteilt: Die Zielscheibe wird unter das Kreuz gestellt. Jesus als der Weg zum Ziel: »Ich bin der Weg, die Wahrheit, das Leben.« – Der Pfeil wird auf den Altar gelegt: Hier ereignet sich das Abbild des Mahles, uns zur Stärkung auf dem Weg zum himmlischen Mahl.)

10. Mit den Zwängen und Ängsten leben

(ein Netz)

Evangelium: Mk 1,16–18: Sie ließen ihre Netze liegen und folgten ihm.

Wir sind zwar keine Fischer, aber auch wir leben heute mit Netzen.

Der Prediger wirft das Netz über sich, hält es mit seinen Armen von innen her über dem Kopf und spricht so zu der Gemeinde. – In einem Erwachsenen-Gottesdienst sollte er nur auf das Netz über dem Ambo hinweisen.

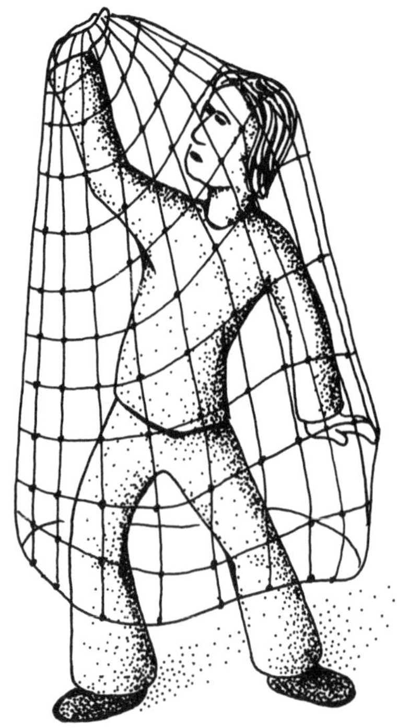

Dazu ein paar Beispiele:

1. Vielleicht hat es mit Faulheit angefangen, oder du warst überfordert. Erst war es eine 4, dann eine 5. Du bekamst Schelte: zu Hause, vom Lehrer. Die Fünfer häuften sich. Als Folge durftest du nicht mehr so lange auf die Straße, vor den Fernseher. Das Taschengeld wird genau abgezählt. Du lachst seltener. Angstträume vor einer Klassenarbeit. Das Netz zieht sich immer enger.
2. Du liebst deinen Vater. Aber immer öfter streitet er sich mit der Mutter. Du hast an der Tür gehorcht: Er will sich scheiden lassen. Unerträgliche Atmosphäre. Er zieht aus. Du wartest auf ihn. Aber selbst zum Geburtstag ruft er nicht an, kommt nicht vorbei. Du stehst auf dem Balkon, wenn er von der Arbeit kommt, um zu der anderen Frau zu fahren. Du willst winken, aber er schaut nicht einmal herüber. Und du spürst, wie jeder deiner Schritte dich lähmt, dich ins unsichtbare Netz stolpern läßt.
3. Du hast dich durch einen schlechten Klassenkameraden verführen lassen. Im Kaufhaus wurdet ihr erwischt. Du wirst angezeigt. Das entsetzte Fragen deiner Eltern: Warum hast du diese Kleinigkeit nicht vom Taschengeld gekauft? Das Vertrauen ist zerstört, das Leben zu Hause fast unerträglich. Dein Hals ist wie zugeschnürt.

So lebt fast jeder in anderen Netzen; in Fallstricken des Bösen; in Schlingen, die vielleicht andere legen, damit du dich verfängst.

Bei Erwachsenen

1. Zuerst hat die Nachbarin eine dumme Bemerkung gemacht. Dann haben die Kinder Sie angesprochen: Vater geht fremd. Es kommt zum Gespräch. Er will sich scheiden lassen – nach so vielen gemeinsamen Jahren! Das Tratschen der Nachbarn! Das Zuordnen der Kinder! Die Suche nach einer beruflichen Stellung. Sie zweifeln an Gott und den Menschen. Das Netz würgt Ihnen die Kehle zu!
2. Vor einigen Tagen in...: 17 Jahre der Junge, Klassensprecher, Schulsprecher. Er erschießt seinen Klassenkameraden, mit dem er vorher noch Hausaufgaben gemacht hat – mit acht Schüssen, alle 30 Sekunden einer, weil die Pistole nicht schneller nachzuladen ist. Und das alles ohne ersichtlichen Grund. Die betroffenen Eltern beider Jungen fragen sich: Warum? Wieso? Ein verworrenes Netz menschlicher Verstrickung.

Jeder hat irgendwo sein Netz, anders, feiner: Das Netz des Egoismus, der Ab- und Zuneigungen, das Netz des Konsumzwanges, das Netz der Sorgen für die Familie, das Netz der Zukunftssicherungen...

Und da sagt Jesus im Evangelium: Laßt eure Netze! Folgt mir nach! Leere Worte?

Nein! Jesus sagt es auch uns heute: Folgt mir nach, die ihr es schwer habt unter der Last eurer Aufgaben. Bei mir könnt ihr aufatmen und frei werden (Mt 11,28).

(Der Prediger legt jetzt das Netz auf die Schulter, das Gesicht ist also frei.) Wir können unsere Netze nicht ganz abstreifen, aber wir können trotz unserer Netze und Verstrickungen leichter auftreten, weil wir eine andere Blickrichtung haben:

Der Mörder weiß: Wenn er sagt »Es tut mir leid«, dann reicht wenigstens Gott ihm die

Hand. Wenn du gestohlen hast, dich ändern willst und den Schaden wiedergutmachst, verzeiht Gott, und langsam wächst auch das Vertrauen der Eltern wieder. Selbst wenn Vater und Mutter dich verlassen, der Herr steht immer zu dir ...
»Folge mir nach!« heißt dann (und den ersten Jüngern ist es wohl auch nicht so leicht gefallen): Menschen, die auf Jesus hoffen, sehen weiter – trotz aller Netze. Menschen, die aus der Liebe zu Gott leben, sehen tiefer – trotz aller Fallstricke.
Menschen, die an Jesus glauben, sehen alles in einem anderen Licht!
Folge Jesus nach!
»Die sich von Jesus hinreißen lassen, die reißt er aus den Ängsten, die reißt er aus den Fängen des Bösen, die reißt er aus den Zwängen eigener Schwäche hinein in die Freiheit der Kinder Gottes.«[11] (A. Albrecht)

[11] Nach einer Idee bei Seeger, »Image«, Pfarrbriefdienst, Aachen 1/1979.

VI. Predigten mit dem Tageslichtprojektor (Overhead)

Der Tageslichtprojektor erbringt eine größere Lichtleistung als der Diaprojektor. Deshalb kann er besonders in nicht verdunkelten Räumen wie Kirchen eingesetzt werden. Der Projektor ist ein regelrechter Tafelersatz, der die Folienbilder und -beschriftungen in beliebiger Größe auf die Kirchenwand wirft.
Die Predigten mit dem Tageslichtprojektor – meist fließen Evangelientext und Predigt ineinander – erweisen sich wegen der Größe der Bilder als sehr eindrucksvoll, ob nun »live« (ähnlich wie bei den Montagsmalern) gezeichnet wird oder die fertigen Folien mit entsprechenden Texten aufgelegt werden. (Jedes Bild kann im Kopierverfahren vorher auf eine Folie übertragen werden.)
In der Eucharistiefeier, bei der die Aufmerksamkeit der Kinder meist nachläßt, können die Folien aus dem Wortgottesdienst noch einmal mit entsprechenden weiterführenden Kommentaren aufgelegt werden: neben der Flanelltafel die beste Möglichkeit, auch im 2. Teil der Messe eindrucksvolle Gedanken des Wortgottesdienstes wieder einzubringen.

Das Katholische Filmwerk berät bei der Anschaffung von Geräten und Gebrauchsmaterial und vermittelt preisgünstige Angebote: Katholisches Filmwerk, Postfach 180333, 6000 Frankfurt/M. 18, Telefon 069/590839.

Wir setzen diese Möglichkeit bevorzugt in der Familien-Christmette, in der Ostersonntag-Vorabendfeier für Familien und dem Sankt-Martinsfest ein, weil die dunklen Abendstunden die Bilder noch mehr zur Geltung kommen lassen.

1. Christmette für Familien

Heiligabend 16 Uhr (Lk 2,1–20)

1. Bild: (Auf dem Bild ist schon zu sehen: Josef, der den Esel hinter sich führt. Jetzt wird Maria auf dem Esel »live« gezeichnet. Siehe die Zeichnung auf Seite 78.)[1]

Dazu wird langsam der Text gesprochen: Maria und Josef sind auf dem Weg nach Betlehem. Der Weg ist weit. Fünf Tage sind sie schon unterwegs.
Maria trägt ein Kind in ihrem Leib, schon neun Monate. Das Kind – nein: Gott – ist unterwegs zu den Menschen. Jetzt sollte Maria eigentlich zu Hause sein. Aber sie müssen sich in Betlehem aufschreiben lassen. So verlangt es der Kaissr in Rom. Schließlich kommen sie nach Betlehem. (Jetzt werden einige Flachhäuser gemalt.) Aber alle Herbergen und Wirtschaften sind überfüllt.
Nirgendwo werden sie eingelassen. (Vor die Türen wird ein X gezeichnet.) Alle schlagen

[1] In den Klammern stehen jeweils die Anweisungen für den Zeichner.

sie die Türen zu. Alle schlagen sie vor Gott die Türen zu. – Ist das heute anders? – Schließlich finden sie einen Viehstall am Rande der Stadt. (Ein kleiner Stall wird an den Rand gezeichnet.) Für Jesus haben die Menschen nicht viel Platz.

2. Bild (Der Stall ist groß gezeichnet, und Josef steht in der Nähe Mariens, die auf dem Stroh liegt.)

Dort im Stall bekommt Maria das Kind. (Zwei Mädchen flöten: Zu Betlehem geboren ...) (Jetzt wird das Jesuskind in die Krippe gemalt.) Sie wickelt das Kind Jesus in Windeln. Der große Gott: ein kleines Kind! – Wie werden die Menschen mit ihm umgehen? Maria legt das Kind in eine Krippe, aus der Tiere sonst ihr Futter fressen. Josef hilft ihr. Vielleicht haben die Tiere (jetzt werden Ochs und Esel gezeichnet) das Kind mit ihrem Atem gewärmt? Ob Tiere oft schneller verstehen als Menschen?

3. Bild: (Die heilige Familie ist genauso wie auf Bild 2 gemalt, aber im Hintergrund und kleiner; ruhig ohne Tiere. Mit der Zeichnung der Tür beginnen.)

Da klopft es an der Tür. Es kommen Hirten herein. (Ein Schaf dazuzeichnen!) Mit den Hirten wollten die Leute damals nichts zu tun haben. Sie waren ihnen zu schmutzig, zu einfach, zu arm. Aber diese verachteten Hirten kommen als erste zur Krippe. Die Armen finden zuerst Jesus. Die Hirten erzählen noch in heller Aufregung: »Wir hörten plötzlich eine Stimme. Ein Engel sprach zu uns: ›Fürchtet euch nicht. Gott macht allen Menschen eine große Freude. Ehre sei Gott in der Höhe – und Friede auf Erden. Gott liebt alle Menschen. Darum schickt er seinen Sohn Jesus. Er liegt in einer Krippe – in Betlehem‹.«

(Ab hier kann das Bild jetzt noch bunt ausgemalt werden.)

Liebe Jungen und Mädchen! Jetzt wissen wir schon, für wen Jesus in die Welt gekommen ist: Nicht für die Reichen und Gesunden, sondern für die Armen und Kranken – für die innerlich Kranken, die Kummer haben, verzweifelt sind, für die, mit denen andere nichts zu tun haben wollen. Erinnert euch: so ist es bei der Geburt Jesu – so ist es bei seinem Tod, denn er stirbt zwischen zwei Verbrechern.

Und wenn du das spürst, daß du Gott nötig hast, dann darfst du auch zu Jesus gehen. Wenn du spürst, daß du seine Hilfe brauchst, daß du innerlich arm und leer bist, daß du große Fehler gemacht hast, die dir leid tun, daß du neu anfangen willst, dann ist Jesus auch für dich nicht umsonst geboren. (In diesen Worten werden bewußt die Eltern angesprochen.) –

Dann während der Eucharistiefeier noch einmal auflegen:

Zur Gabenbereitung Bild 1 (nach Ansage der Kollekte)

Kommentar: Wir wollen die Türen nicht vor Jesus zuschlagen. Er ist unterwegs zu uns.

Zur Wandlung Bild 2 (sofort nach dem ersten Schellenzeichen)

Kommentar: Jesus ist in die Welt gekommen, um uns zu retten. Seine Geburt ist der Anfang. Sein Tod ist das Opfer aus Liebe zu uns. – Daran denken wir jetzt.

Zur Kommunion Bild 3 (sofort nach »Seht, das Lamm Gottes«)

Kommentar: Jesus, wir brauchen dich wie die Hirten. Auch wir sind innerlich arm und leer. Wir machen so viel falsch. – Komm zu uns! Dann bist du für uns nicht umsonst geboren.

2. Ostergottesdienst für Familien

Karsamstag 19.30 Uhr (Lk 24,13–35)

1. Bild: (Auf dem vorbereiteten Bild ist im Hintergrund eine Stadt zu sehen: Flachbauten, Stadtmauer, und ein Weg führt geradewegs dorthin; auf diesem Weg zwei Männer.)

Zwei Männer haben einen weiten Weg vor sich. Es sind zwei Jünger. Sie sind traurig. Ihnen ist zum Weinen zumute. Warum?

Da kommt ein Dritter hinzu. Er geht mit ihnen. (In die Mitte zeichnen!) Sie kennen ihn nicht. Du kennst ihn aber! (Jetzt die Wunden zeichnen.) Es ist JESUS. Aber die beiden erkennen ihn nicht. Als wenn ihnen die Augen zugehalten würden!

»Warum seid ihr so traurig?« fragt der Fremde. Da antwortet der eine Jünger: »Bist du der einzige, der nicht weiß, was in Jerusalem geschehen ist? Sie haben Jesus ans Kreuz geschlagen! Getötet! Und wir hatten gedacht, er würde uns retten. Jetzt ist er schon seit drei Tagen tot. – Heute morgen haben uns zwar einige Frauen erschreckt: sie haben den toten Jesus nicht mehr gefunden und gesagt: Engel hätten davon gesprochen, daß Jesus lebe! – Aber wer kann Frauen schon so richtig glauben?!«

Liedruf: Der Herr ist auferstanden heut,
alleluja, alleluja, alleluja! (Melodie GL 585)

Da sagt Jesus: »Wie wenig ihr versteht! Jesus hat doch immer gesagt, zuerst muß ich sterben, das Kreuz auf mich nehmen und *dann* wird etwas geschehen, das kaum ein Mensch verstehen kann.« Und Jesus erzählt und erzählt. Die beiden neben ihm verstehen immer mehr. Es wird ihnen immer wärmer ums Herz. Sie werden immer froher.

Liedruf: Der Herr ist auferstanden heut ...

Liebe Jungen und Mädchen! So wie diese beiden sind wir auch heute auf dem Weg unseres Lebens. Es ist ein langer Weg. Und wir sehen oft gar nicht, daß Jesus mit uns geht. Unsichtbar – oft durch andere Menschen. Und noch weniger verstehen wir, daß Jesus nicht tot geblieben ist. Ja, er lebt und ist mitten unter uns!

Liedruf: Der Herr ist auferstanden heut ...

2. Bild: (Vorher zeichnen: Ein Flachhaus, in das einzusehen ist. Darin steht ein Tisch. Am Rand des Bildes noch die Ansicht der Stadt. – Sofort mit der Zeichnung der drei Personen beginnen.)

Die drei haben die Stadt erreicht. Als der Fremde weitergehen will, sagen die beiden: »Du hast so wunderbar zu uns gesprochen – uns ist es richtig leicht ums Herz geworden. Bleibe doch bei uns, denn es will Abend w-erden.« Und jetzt sitzen die drei am Tisch. Darauf stehen Brot und Wein (Brotfladen und Becher auf den Tisch zeichnen). Und während sie essen, nimmt Jesus das Brot, bricht es und sagt: »Nehmt und eßt alle davon ...«. Da gehen den beiden erst die Augen auf, und sie erkennen: »Das ist ja Jesus!«

Liedruf: Der Herr ist auferstanden heut ...

Und in dem Moment, als sie Jesus am liebsten um den Hals fallen würden, wird Jesus für sie unsichtbar. (Hier eine Wolke um Jesus zeichnen.) Und voller Freude erzählen sie sich noch einmal alles, was Jesus schon unterwegs gesagt hat. Sie sagen: »Brannte nicht das Herz in uns schon auf dem ganzen Weg?« Und sie sind sich einig: Wir laufen die drei Stunden Weg zurück zur Stadt Jerusalem und sagen die gute Nachricht auch den anderen Jüngern:

Liedruf: Der Herr ist auferstanden heut...

Liebe Jungen und Mädchen! Auch wir wollen heute und immer in unserem Leben sprechen: »Bleibe bei uns, Herr!« Und wenn wir uns bemühen, weiter und genauer hinzuschauen als andere, dann können wir auch Jesus mitten unter uns erkennen!

3. Bild: (Vorher zeichnen: Abendmahlssaal in Jerusalem, die Jünger – zum Teil mit erhobenen Armen = Freude – und Maria sind versammelt. Die Tür ist übergroß gemalt; in sie hinein werden jetzt die beiden ankommenden Jünger gezeichnet.)

Als die beiden Jünger Jerusalem erreichen, sind die Jünger Jesu schon in heller Freude. Sie rufen ihnen entgegen: »Wir haben Jesus gesehen!«

Liedruf: Der Herr ist auferstanden heut...

Dann erzählen die beiden ihr Erlebnis und wie sie Jesus am Brotbrechen erkannt haben. Liebe Jungen und Mädchen! Von der Freude der Jünger über den Jesus, der auferstanden ist, müssen wir uns anstecken lassen, und deshalb singen wir besonders froh:

Liedruf: Der Herr ist auferstanden heut ...
Zur Gabenbereitung Bild 1
Kommentar: Wir sind auch auf dem Weg. Jesus will mit uns gehen. Er ist ganz nah in diesen Gestalten von Brot und Wein.
Zur Wandlung Bild 2
Kommentar: Jetzt, wo Jesus durch mich spricht: »Nehmt und eßt alle davon ...«, ist Jesus uns genauso nahe wie damals den beiden. Selig, die nicht sehen und doch glauben!
Zur Kommunion Bild 3
Kommentar: Christus will, daß wir uns freuen. Und wenn wir uns jetzt an die Stufen des Altares stellen, um mit Jesus ganz eng verbunden zu werden, dann sollen wir das ganz froh tun.

3. Ostergottesdienst für Familien

Karsamstag 19.30 Uhr (Joh 20,11–22; Lk 24,1–12)

1. Bild: (Vorher zeichnen: Drei leere Kreuze im Hintergrund, drei Frauen im Vordergrund mit noch leeren Händen.)

Am Abend des Tages, an dem Jesus gekreuzigt worden war, mußte alles sehr schnell gehen, denn der Sabbat war nahe. Da durfte keiner arbeiten und mehr als tausend Schritte tun.

Erst am Sonntag in der Frühe kommen die drei Frauen, darunter Maria Magdalena. Sie haben Salbgefäße (jetzt werden die Gefäße in die Hände gezeichnet) mitgebracht. Sie wollen den Leib Jesu einbalsamieren. Das war Brauch bei den Juden. Die drei Frauen hatten Sorgen: Wer würde ihnen den schweren Stein vor dem Eingang des Grabes wegwälzen? (Jetzt offenes Grab zeichnen.) Aber als sie näherkamen, staunten sie, denn der Stein war schon weggewälzt! (Einen runden Stein neben das Grab zeichnen.) Auch die römischen Wachen staunten. Und als die Frauen ins Grab schauten, da war es leer. Sie waren ratlos und traurig: wo war der Leib des Herrn? Da sahen sie plötzlich zwei Männer in weißen Gewändern da stehen. (Jetzt zwei Männer zeichnen ohne Flügel, um die Köpfe ein leichter Strahlenkranz, mit der rechten Hand zeigen sie etwas nach oben.) Die Frauen hörten, wie die Männer sagten: »Warum sucht ihr den, der lebendig ist, bei den Toten? Er ist nicht hier. Er lebt!« – Da ahnten die Frauen zum ersten Mal, was wir jetzt singen:

Liedruf: Der Herr ist auferstanden heut,
alleluja, alleluja, alleluja! (Melodie GL 585)

2. Bild: (Vorher zeichnen: Im Saal, ziemlich dicht gedrängt, ungefähr zehn Jünger mit skeptischen Gesichtern. An der Tür Raum lassen für Maria Magdalena.)

Die Jünger sind wieder zusammen. Sie haben Angst, Jesus ist doch tot! Und überall wimmelt es von römischen Soldaten. Sie haben die Tür richtig verrammelt. (Die Tür mit Balken vor dem Schloß noch mehr absichern.) Ob sie schon gesucht werden? Da klopft es. Atemlose Stille. Schließlich öffnen sie die Tür. Es ist Maria Magdalena. (Maria Magdalena zeichnen.) Sie hat eine gute Nachricht: Sie ist noch einmal zum Grab gegangen. Da hat sie einen Mann getroffen, der wie ein Gärtner aussah. Aber dann hat sie Jesus erkannt. Voller Freude wollte sie ihn umarmen. Er aber sagte: »Rühre mich nicht an, ich bin noch nicht zu meinem Vater zurückgekehrt. – Geh' zu meinen Freunden, meinen Jüngern, und berichte ihnen: Ich lebe.«

So bringe ich euch die gute Nachricht:

Liedruf: Der Herr ist auferstanden heut...

Aber als Maria Magdalena in ihrer Freude alles erzählt hat, sieht sie die versteinerten Gesichter der Jünger. Sie glauben ihr nicht. »Du leidest an Hirngespinsten!« sagen sie, »Frauen reden so leicht was daher.« Maria ist enttäuscht. Nur Petrus erinnert sich später: Der Herr hat doch gesagt, erst werde ich leiden, aber am dritten Tage werde ich auferstehen.

3. Bild: (Vorher zeichnen: Wieder sitzen Jünger im Raum zusammen, aber mit frohen Gesichtern. In der Mitte ist ein Platz frei, auf die Tür kann verzichtet werden.)

Kurze Zeit später: Jesus ist (jetzt Jesus zeichnen – ruhig mit roten Strichen = Wunden an Händen, Füßen und Seite – und Strahlen um den Kopf) mitten unter ihnen. Jesus lebt. Sie können ihn sehen, mit Händen greifen.

Liedruf: Der Herr ist auferstanden heut...
Die Jünger sind froh. All ihre Zweifel sind fort. Sie hören Jesus zu. Er sagt: »Friede sei mit euch. Wie mich der Vater in die Welt gesandt hat, so sende ich euch. So nehmt an den Heiligen Geist und verkündet aller Welt, daß ich lebe.« Weil die Jünger das später getan haben, deshalb wissen auch wir:
Liedruf: Der Herr ist auferstanden heut...
Wir dürfen uns freuen: Jesus hat den Tod besiegt. Er trägt alle Schuld fort. Er wartet auf uns in seinem Reich, im Reich des Friedens und der Freude. Dort werden alle Schwerter eingeschmolzen, und es gibt keine Tränen mehr. So singen wir voller Freude:
Liedruf: Der Herr ist auferstanden heut...

4. Aus dem Glauben an die Auferstehung Jesu leben!

Dritter Ostersonntag (Joh 21,1–17)

1. Bild: (Vorher zeichnen: Seeufer, dahinter Berge, ein Boot auf dem Wasser. *Jetzt* dazuzeichnen: drei Jünger im Boot, sie werfen ein Netz auf der *linken* Seite zum Fischen aus; einer rudert.)
Die Jünger sind wieder von Jerusalem in ihre Heimat zurückgekehrt: zum See Gennesaret. Sie sind zurückgekehrt zu ihren Frauen und Kindern. Sie müssen wieder Geld verdienen. Das Leben fordert wieder ihren Einsatz. Die Erlebnisse in Jerusalem lassen sie zwar nicht los: daß Jesus von den Toten auferstanden ist und lebt. Aber nur vom Glauben kann man nicht leben.
Sie fischen schon den ganzen Tag. Aber sie fangen nichts. Jetzt sind sie ganz mutlos und niedergeschlagen. Da ruft ein Mann vom Ufer her (jetzt Jesus mit Wunden ans Ufer zeichnen): »Habt ihr etwas zu essen?« »Nein«, rufen sie zurück. Dieses »Nein« macht sie noch mutloser. Sie erkennen den Mann nicht!
Wir können Ihn ja in jedem treffen, der etwas von uns will. Wieviele fragen uns heute mit großen Augen: »Habt ihr etwas zu essen für uns?« Da bleibt uns oft nur das schlechte Gewissen. Geht es uns nicht auch oft so? Der Schwung und die Freude sind sofort wieder verflogen. Es geht nichts von uns aus. In den vielen kleinen Aufgaben des Alltages sind wir oft niedergeschlagen und vergessen: Jesus lebt doch! Mitten unter uns! – Da ruft der Mann vom Ufer wieder: »Werft das Netz auf der anderen Seite aus!«
2. Bild: (Soweit gezeichnet wie das erste, nur ist das Netz auf der *rechten* Seite ausgeworfen. Am Ufer sitzt ein Mann. – *Jetzt* viele Fische im Netz malen.)
Sie haben das Netz auf der rechten Seite ausgeworfen. Sie fangen 153 große Fische! Da erinnert sich Johannes: So etwas ist ihnen doch schon mal passiert! Und Johannes sagt: »Es ist der Herr!« Als Petrus hört. »Es ist der Herr!«, springt er ins Wasser und schwimmt, so schnell er kann, ans Ufer. (Der kraulende Petrus wird gezeichnet.) Ganz neue Kräfte sind jetzt in Petrus wach geworden!

So soll es auch hier bei uns in der Kirche sein, wenn wir uns hier versammeln. Weil wir uns hier daran erinnern: »Jesus lebt! Er ist da!«, sollen ganz neue Kräfte in uns freigelegt werden. Wir fangen neu an! Wir lassen uns neu auf Jesus ein und auf alle, mit denen wir leben!

3. Bild: (Vorher zeichnen: Jesus und die Jünger an einem kleinen Kohlefeuer, an dem Fisch gegrillt wird. *Jetzt* dazuzeichnen: Brot und gebratener Fisch vor dem Feuer auf einem Stein.)

Die Jünger sind alle an Land gestiegen. Keiner fragt: »Wer bist du?« Sie wissen es: Kein anderer bricht so das Brot und verteilt es. Kein anderer nimmt so den gebratenen Fisch und verteilt ihn! Daran haben ihn ja auch die Jünger in Emmaus erkannt. – Nach dem Essen sagt Jesus zu Simon Petrus: »Simon, liebst du mich?« Dreimal fragt Jesus ihn. Petrus wird immer trauriger. Er erinnert sich: Jesus hat ja allen Grund, ihn zu fragen, weil er Ihn verleugnet hat und am Kreuz allein ließ. Aber dreimal gibt Petrus zur Antwort: »Ja, Herr, du weißt, daß ich dich liebe!« Da sagt Jesus: »Dann weide du meine Herde. Leite du meine Kirche, wenn ich bald nicht mehr sichtbar unter euch bin!«
So viel Vertrauen hat Jesus zu Petrus. Jesus gibt sein Werk, seine Kirche, an einen schwachen Menschen weiter. –

Petrus, das sind auch wir: Wir sollen ein Stück Kirche sein, ein lebendiger Stein, auf den sich andere verlassen. So viel ist uns anvertraut! Herr, so bleibe bei uns! Dann macht uns diese Aufgabe Freude, die ganze Woche durch, ein ganzes Leben lang.
Von der *Gabenbereitung* bis zum Schellen vor der *Wandlung Bild 1.*
Kommentar: Wir erinnern uns jetzt wieder: Jesus ist da, das gibt neuen Mut.
Von der *Wandlung* bis zum *Vaterunser Bild 3.*
Kommentar: Am Brotbrechen erkennen sie Jesus.
Während der *Kommunion Bild 2.*
Kommentar: Weil Petrus durch die Begegnung mit Jesus neue Kräfte spürte, wollen wir uns jetzt auch auf Jesus einlassen.

5. Der Gang Jesu auf dem Wasser
(Mt 14,22–33)

1. Bild: (Vorher zeichnen: Ein großes Boot, in dem die Jünger sitzen. Petrus wird, entsprechend dem Kommentar, hinzugezeichnet.)
Ihr seht ein Boot im Meer. Es ist der See Gennesaret. Im Boot sind die Jünger Jesu. Heute ist Petrus besonders wichtig. (Petrus mit Bart zeichnen.) Die Jünger haben im Augenblick wenig Freude. Ein Sturm ist aufgekommen. (Zeichnen: Wellen, die zum Teil über Bord schlagen; die Ruder gehen nicht mehr im Takt ...)
Das Boot zeigt unser Leben. Wir sitzen heute darin, ein ganzes Leben. Und wir möchten durch die Stürme des Lebens zum sicheren Hafen kommen. Wer hilft uns in den Stürmen? Wenn wir Angst haben vor den Prüfungen in der Schule – wenn die Mutter schwer krank wird – wenn ein Autounfall Furchtbares anrichtet – ein Flugzeug abstürzt – wer hilft uns?
2. Bild: (Vorher zeichnen: Stürmische See mit dem Boot im Hintergrund. Unter den Jüngern im Boot ist Petrus durch seinen Bart zu erkennen. *Jetzt vorne das Wichtigste malen: Jesus steht auf den Wellen.)*
Plötzlich sehen die Jünger mitten im Sturm eine Gestalt auf sich zukommen – über die Wellen! Zuerst meinen sie, es sei ein Gespenst, und sie schreien auf in ihrer Angst. Aber es ist Jesus. (Jetzt um den Kopf einen »Heiligenschein« malen.) Er ruft ihnen zu: »Habt keine Angst. Ich bin es. Beruhigt euch!«
Da bekommt Petrus Mut und sagt: »Herr, wenn du es wirklich bist, dann befiehl mir, auf dem Wasser zu dir zu kommen!« Und Jesus sagt: »Komm!« – Da steigt Petrus aus dem Boot und geht auf dem Wasser zu Jesus. Als er aber die hohen Wellen sieht, bekommt er Angst. Und als er Angst bekommt, fängt er an zu sinken (jetzt den versinkenden Petrus zeichnen) und schreit: »Hilf mir, Herr!« Jesus streckt sofort seine Hand aus, faßt Petrus und sagt: »Du hast zu wenig Vertrauen! Warum zweifelst du denn?«
Petrus – das sind wir, du und ich. Wir wissen genau, daß Jesus bei uns ist, unsichtbar zwar, aber er hat ja auch gesagt: »Ihr braucht keine Angst zu haben, ich bin mitten unter

euch!« Aber wenn dann etwas Schweres auf uns zukommt, vergessen wir das schnell. Wir vertrauen auf unsere eigenen Kräfte. Und da sind wir oft verlassen. Der Boden unter unseren Füßen gibt nach. Wir gehen unter. Wir haben keinen Mut mehr. Wir sehen zu schwarz.

3. Bild: (Zu sehen ist wieder das Boot mit den Jüngern (wie beim 1. Bild), aber es ist noch Platz darin, um – dem Text entsprechend – Jesus und Petrus noch hineinzuzeichnen.)

Du siehst wieder das Boot im Sturm. Petrus hat zur rechten Zeit wieder an Jesus gedacht. Jesus hat ihn an die Hand genommen. Dann steigt Jesus mit Petrus ins Boot. (Jetzt die beiden ins Boot zeichnen.) Jesus fährt mit. Keiner braucht mehr vor dem Sturm Angst zu haben.

So fährt auch heute Jesus mit in unserem Boot. Wir sehen ihn nicht. Aber wir glauben es. Und wenn es wieder schwer wird: im Beruf, zu Hause, in der Schule, auf der Straße ..., dann wollen wir nicht nur auf unsere eigenen Kräfte vertrauen, sondern daran denken: Jesus will mittragen. Und wo zwei tragen, da wird die Last leichter.

Am Ende des *Gabenbereitungsliedes* bis zum Ende der *Präfation Bild 2.*

Zu Beginn und während der ganzen *Kommunion Bild 3.*

6. Christkönigsfest

(Mt 22,1–14/Lk 14,16–24)

1. Bild: (Vorher zeichnen: Ein großer, schöner Saal mit Tischen, auf denen die herrlichsten Sachen aufgetragen sind: Früchte, Speisen, Getränke. – Es fehlen noch die Gäste.)

Jesus hat uns oft in wunderbaren Bildern klarmachen wollen, was am Ende unseres Lebens auf uns zukommt. Es kann sehr schön werden. Es kann! – Einmal erzählte es Jesus so:

Ein König bereitet seinem Sohn die Hochzeit. Wer schon eine Hochzeit mitgemacht hat, weiß, dazu gehört ein Festmahl. Das Beste wird auf den Tisch gestellt. Damit will Jesus sagen: Der König ist Gott. Der Sohn des Königs ist Jesus selbst. Am Ende der Zeit soll das Festessen sein. Mit dem Festessen ist gesagt: Dann wird jeder innerlich und äußerlich froh und glücklich sein. – Aber wo sind die Gäste? Wer sind die Gäste?

2. Bild: (Das Bild ist unsichtbar in vier Teile unterteilt:

1. Die Boten wollen den holen, der den Acker gekauft hat und damit beschäftigt ist.
2. Die Boten laden den ein, der in Handelsgeschäfte verwickelt ist.
3. Die Boten wollen den holen, der zehn Ochsen gekauft hat.
4. Sie laden den ein, der geheiratet hat.

Meistens wird dazu nur etwas Symbolisches gezeichnet, ohne Personen – bis auf das Brautpaar unter 4.

Dazu kann auch noch gezeichnet werden, was es jeweils heute bedeuten kann: Hausaufgaben machen [zu 1], ein Haus bauen [zu 2], ein Auto waschen [zu 3], eine Freundin haben [zu 4].)

Und der König sendet seine Diener aus, um die Gäste zu holen.

Sie kommen zum ersten, der in Geschäfte verwickelt ist, und laden ihn herzlich ein: »Komm, alles ist bereit, du sollst am Fest teilnehmen!« Der aber sagt: »Müßt ihr gerade jetzt kommen? Seht ihr nicht, daß ich jetzt keine Zeit habe? Ich bin so beschäftigt! Später! Ich muß arbeiten, um aus den Schulden herauszukommen. Wer schenkt mir schon was?« – Das heißt für dich: Jetzt? Nein! Die Schule macht mich so kaputt! Oder: Ich muß jetzt *Hausaufgaben* machen, dann habe ich noch dieses und jenes – für Gott habe ich jetzt keine Zeit.

Das heißt für die Großen: Wenn ich mal mit dem Studium fertig bin, dann ja. Oder: Die Arbeit hat mich so kaputt gemacht; da ist der Sonntag der einzige Tag, an dem ich mal ausschlafen kann.

Und die Diener kommen zum zweiten. Sie laden ihn ein: »Komm, alles steht bereit!« Der aber sagt: »Schade! Gerade habe ich einen Acker gekauft. Den wollte ich mir jetzt ansehen gehen. Dafür werdet ihr doch Verständnis haben?«

Das heißt für dich: Jetzt? Nein! Ich habe gerade etwas Wichtiges vor. Der Fußball! Das Fernsehen! Dafür muß Gott doch Verständnis haben!

Das heißt für die Großen: Das Grundstück für mein *Haus* muß ich mir ansehen. Dafür hat doch jeder Verständnis. Und wenn es dann steht, das Haus in der Eifel, dann ist es wieder etwas anderes: Termine, Verpflichtungen, Hetze.
Und die Diener kommen zum dritten. Sie laden ihn ein: »Komm, der König wartet. Ein ganz tolles Fest!« Der aber sagt: »Schade! Ich habe mir gerade zehn Ochsen gekauft. Die muß ich abholen. Dafür hat doch jeder Verständnis! Entschuldigt mich beim König!«
Das heißt für dich: Heute wollte ich doch mein neues Rennrad ausprobieren mit der Zehngangschaltung! Oder: Mein neues Go-Kart muß ich den anderen zeigen!
Das heißt für die Großen: Was sollen die Nachbarn sagen? Mein *Auto* ist so dreckig, das muß ich noch polieren!
Und die Diener kommen zum vierten. Sie laden ihn ein: »Komm, alles steht schon auf dem Tisch. Das wird ein Fest! So eins hast du noch nie erlebt!« Und der vierte sagt: »Gerne – aber ich habe gerade geheiratet. Jetzt muß ich mich um meine Frau kümmern. Das versteht ihr doch? Meldet es dem König. Halte mich für entschuldigt.«
Das heißt für dich: Gestern war ich so lange bei meinem Freund. Da muß ich jetzt ausschlafen. Oder: Nur am Wochenende kann ich meine *Freundin* sehen. Da muß Gott Verständnis haben, wenn ich eine kleine Fahrradtour mache!
Das heißt für die Großen: Am Wochenende ist die einzige Gelegenheit, wo mich die Familie mal so richtig sieht. Da habe ich für Gott keine Zeit. Da fahren wir mal raus.

3. Bild: (Vorher zeichnen: Der Festsaal wie im Bild 1, aber kleiner, im Hintergrund.) Die Diener kommen zurück zum König. Alles steht bereit; aber alle geladenen Gäste haben abgesagt. Da wird der König zornig. Er befiehlt: Das waren nicht die richtigen! Die haben so etwas nicht verdient! Geht, ruft andere zum Fest! Geht in die Seitenstraßen, auf den Marktplatz, auf alle Plätze der Stadt und holt, wen immer ihr findet. (Jetzt im Vordergrund zeichnen: Blinde, Lahme, Krüppel, Hungrige ..., die zum Fest kommen.) Und da kommen sie: Blinde – und Lahme – und Verkrüppelte – und Halbverhungerte – einige, die gerade aus dem Gefängnis entlassen wurden. Also alle, die wir heute übersehen, die heute benachteiligt sind, die im Abseits stehen. Im Himmel werden wir uns wundern: über die, die da sind, und über die, die nicht da sind! Alle diese Abgeschriebenen nehmen die leeren Plätze ein. Sie feiern mit dem König das Festmahl. Sie werden ganz froh. Sie fühlen sich von Gott angenommen. Aber die zuerst Eingeladenen werden nie am Fest teilnehmen dürfen!

Gegen Ende der *Gabenbereitung* Bild 2.

Kommentar:Wir sind eingeladen zum Mahl mit dem König. Selbst wenn wir jetzt da sind, können wir die Einladung verpassen, indem wir nicht bei der Sache und innerlich ganz woanders sind. (Bild stehen lassen bis zum »Erhebet die Herzen!«)

Zum Schellen vor der *Wandlung* Bild 1 (leerer Festsaal).

Kommentar:Dieses Mahl, das wir jetzt hier am Altar, am Tisch, feiern, ist ein Hinweis auf das Mahl bei Gott.

Nicht, daß ihr meint, wir würden bei Gott noch essen und trinken. Das Mahl ist ein Bild für große Freude, für schönes Beisammensein, für Zufriedenheit! Und das erfahren wir eben oft bei einem Mahl mit Freunden. (Bild stehen lassen bis zu »Deinen Tod, o Herr, verkünden wir ...«)

Während der ganzen *Kommunion* Bild 3.

Kommentar:Da seht ihr noch einmal die, die zum Mahl bei Gott geladen sind: Sind wir nicht auch in vielen Dingen blind? Und lahm – wenn wir mutlos und verzagt sind? Und arm – innerlich arm? Innerlich verkrüppelt – verkümmert. Vielleicht sind wir die, die da zum wirklichen Königsmahl gebracht werden.

7. Martinsfeier mit dem Kindergarten in der Kirche

1. Bild: (Vorher zeichnen: Martin kommt an einem Kreuz vorbei.)

Als Martin noch jung war, lebte er als Soldat. Er hatte ein Schwert, eine Rüstung, einen Helm auf dem Kopf. Aber unter dem (eisernen) Panzer hatte er ein gutes Herz. Er war ein guter Mensch. – Auf seinem Weg kommt Martin an einem Kreuz vorbei. Andere Soldaten haben ihm von Jesus erzählt: Jesus, der Sohn Gottes, sei auch ein guter Mensch gewesen. So gut, daß er sogar am Kreuz starb, um den Menschen zu helfen. Martin weiß schon viel von dem, was Jesus gesagt und getan hat.

2. Bild: (Vorher zeichnen: Martin reitet auf dem Pferd.)

Eines Abends reitet Martin durch die Straßen. Es ist kalt. Er hat über der Rüstung noch einen Mantel an, der ihn wärmt. Bald kommt er an der Stadtmauer vorbei. Da sieht er dort einen Mann liegen. Der Mann friert, er hat nur ein paar Lumpen an. Der Mann bettelt ihn an; er streckt flehend die Hände aus. Was soll Martin tun? (5 Sekunden Pause) Martin nimmt seinen Mantel, zieht sein Schwert aus der Scheide und – trennt den Mantel in zwei Teile. Die eine Hälfte wirft er dem Bettler zu.

3. Bild: (Vorher zeichnen: Martin schlafend auf der Ruhestatt.)

Nachts hat Martin einen Traum. Er sieht vor sich – ja, Jesus (in eine große Luft- bzw. Denkblase hineinzeichnen). Und als er noch genauer hinschaut, da – da erkennt er seinen halben Mantel wieder. – Ja, Jesus hat den Mantel an, den er dem Bettler geschenkt hat. Und er hört, wie Jesus sagt: »Mit diesem Mantel hat Martin *mich* bekleidet.«

4. Bild (a): (Vorher zeichnen: Menschenmenge an einem hügeligen Berg; alle lagern auf dem Gras. Jesus steht dort mit austeilenden Armen.)

Jetzt kann sich Martin an etwas erinnern. Das steht im heiligen Buch, in der Bibel. Das hatte man ihm erzählt. Da war eine große Zahl von Menschen weit weg von Häusern. Da war nur Gras (etwas Gras zeichnen). Und die Leute hatten großen Hunger. Da waren aber nur fünf Brote und zwei Fische (in und um die Hände Jesu zeichnen). Und Jesus segnete alles und teilte es aus. (Jetzt immer Brote unter die Leute zeichnen.) Er gab es ab. Und wie er es verteilte, da wurde es immer mehr. Jeder konnte davon essen. Alle wurden satt. Weil geteilt wird, haben alle etwas. Jetzt weißt du auch, Martin hat es richtig gemacht. Auch er hat geteilt. Der Bettler ist darüber froh geworden.

4. Bild (b): (Eine andere Möglichkeit, die aber Kleinkinder wegen der Nägel und Wunden schrecken könnte: Jesus wird groß gezeichnet, am Kreuz festgenagelt.)

Und das will Jesus auch uns sagen: »Seht, meine Hände sind festgenagelt. *Ihr* seid meine Hände; ihr müßt heute denen helfen, die in Not sind.« – »Seht, meine Füße sind angenagelt. *Ihr* seid meine Füße, die zu anderen hingehen sollen, um zu helfen.« Und Jesus sagt: »Wenn ihr einen Menschen tröstet, der weint; wenn ihr einem Menschen zu essen gebt, der Hunger hat, dann ist das genauso, als wenn ihr das mir tut.«

5. Bild: (Vorher zeichnen: Martin als Bischof.)

Später haben die Leute Martin zum Bischof gemacht: Sie haben ihm eine Bischofsmütze aufgesetzt, einen Hirtenstab in die Hand gegeben, einen schönen Ring an den Finger gesteckt und gesagt: »Komm, Martin, sei unser Hirte, der uns anführt. Denn du hast so ein gutes Herz. Wenn wir dich sehen, dann müssen wir immer an Jesus denken.« Martin wollte erst nicht. Doch dann hat er »Ja« gesagt. Aus Freude darüber haben die Leute Fackeln angezündet und frohe Lieder gesungen – so wie wir heute. Und noch viel später, als Martin schon gestorben war, haben sie ihn den »heiligen Martin« genannt, Sankt Martin. (Und haben auch ihre Kinder so genannt. Vielleicht heißt einer von euch Martin?)

6. Bild (a): (Wieder Bild 4a auflegen.)

Wir wollen es wie Jesus und der hl. Martin machen: wir wollen teilen. Dann können sich *alle* freuen. Da braucht keiner mehr zu frieren, keiner mehr zu hungern. (Oder:)

6. Bild (b): (Vgl. 4b)

Weißt du noch, was Jesus gesagt hat? – »Seht, meine Hände sind festgenagelt ...« (weiter wie unter 4b).

VII. Kalenderpredigten

Es ist ein beliebter Brauch, in der Adventszeit einen Kalender aufzuhängen, um die Tage bis zum Weihnachtsfest bewußter zu erleben. Hinter jedem »Fensterchen« ist ein Motiv versteckt – mehr oder weniger erbaulich –, das auf Weihnachten hinweist. Diesen alten Brauch haben wir aufgegriffen und auf die Fastenzeit ausgedehnt. Am ersten Advent und ersten Fastensonntag hängt an gut sichtbarer Stelle in der Kirche ein übergroßer Kalender an der Wand (bei uns 2,60 m×2,10 m). Ein Untergrund ist aufgemalt, der das Gesamtthema wiedergibt. Eine Überschrift verdeutlicht alles noch. Von Sonntag zu Sonntag kommt nun ein »Fensterchen« hinzu: ein neuer Gedanke zum Gesamtthema, der Gegenstand der Predigt ist. Das neue »Fensterchen« kann einfach aufgenagelt werden oder ist noch mit einer Fensterlade verdeckt, die zur Predigt von einem Kind aufgeklappt wird. Die zweite Möglichkeit erfordert mehr Arbeit.

Vorteile

1. Wir haben einen jungen Mann in der Pfarre, Andreas Wittig, der unsere Gedanken sehr eindrucksvoll in Szene zu setzen weiß, so daß seine Zeichnungen in unserer nüchternen Kirche auch die Herzen der Kinder und Jugendlichen, ja der Erwachsenen, zu erreichen vermögen.
2. In immer neuen Variationen werden die Gedanken des Sonntags in allen Schulmessen neu durchdacht. So ergibt sich für diese Woche auch eine Arbeitsersparnis: Wir brauchen keine neuen Predigtmotive zu suchen.
3. Vier bzw. sechs Wochen hängt der Kalender. Die Wiederholung der Gedanken der vergangenen Sonntage geschieht sehr schnell. Das Grundthema prägt sich sehr tief ein, so daß eine Wiederholung selbst nach fünf Jahren für die Größeren so empfunden wird, als hätte der Kalender erst vor zwei oder drei Jahren ausgehangen.
4. Es ist möglich, zusammenhängend biblische Stoffe (z. B. des Alten Testamentes) durchzunehmen, Stoffe, die die Kinder in der Schule mittlerweile schon nicht mehr zu hören bekommen[1].

1. Zwei Welten, in die Jesus kommen will (Fastenzeit)

Grundmotiv: die reiche und die arme Welt, durch einen »Graben« getrennt, durch »Brücken« zu verbinden

[1] Vgl. *Wir freuen uns auf die Predigt* (S. 71–83): Hier sind schon sechs verschiedene Advents- und Fastenzeitkalender ausgeführt mit Abbildungen am Ende des Buches.

1. Sonntag: Jeweils drei Dinge stehen gegenüber. Versucht, sie herauszufinden:
schöne Wohnung – Hütten (kein Wasser, Strom, Heizung)
Dom/Kirche (Jesus) – Totempfahl/Steingott
Überfluß (reichgedeckter Tisch) – Hunger (ein Verhungernder streckt seine Hand über die Kluft)

Wir sollen »Brücken« schlagen: die Ungerechtigkeiten etwas abbauen. Darum steht vorne eine große Sammelbüchse, in die ihr jeden Sonntag euer besonderes Geldopfer legt: eine Tabelle an der Wand neben der Zeichnung zeigt an, wie hoch wir sind. (Die Spenden aus den Schulmessen treten dazu in Konkurrenz.) Die beiden Welten sind heute so zusammengerückt, daß die Armen vor unserer Haustür liegen.
Evangelium: Lk 16,19–31: der reiche Mann und der arme Lazarus[2].

2. Sonntag: Kinder lesen folgenden Text vor: »Die zwei Welten«

1. Wir wollen uns vorstellen, wie eine deutsche Familie unserer Stadt in eine Familie in der unterentwickelten Welt verwandelt werden kann.
2. Wir dringen in das Haus unserer Familie ein und schaffen zuerst die Möbel weg. Alles: Betten, Stühle, Tische, Fernsehapparat, Lampen. Wir lassen der Familie ein paar alte Decken, einen Küchentisch, einen Holzstuhl. Den Möbeln folgt die Kleidung. Jeder darf von der Garderobe seinen ältesten Anzug, sein Kleid, sein Hemd oder seine Bluse behalten. Dem Familienvater bleibt ein Paar Schuhe, aber nicht der Frau, nicht den Kindern.
3. Wir gehen in die Küche: die Speisekammer wird geleert bis auf ein Paket Mehl, etwas Zucker und Salz und Streichhölzer. Ein paar faule Kartoffeln, schon im Abfalleimer, müssen wieder hervorgeholt werden, denn sie werden der Hauptteil des Abendessens sein müssen. Zurück bleiben eine Handvoll Zwiebeln und eine Schüssel trockener Bohnen; alles übrige verschwindet: das Fleisch, das frische Gemüse, die Konserven, Kekse, Süßigkeiten.
4. Jetzt weiter zum übrigen Haus: Das Badezimmer wird zugemauert, das fließende Wasser abgestellt, die elektrischen Anlagen herausgerissen. Ja, wir nehmen das ganze Haus fort. Die Familie kann in den Werkzeugschuppen ziehen. Er ist eng, aber wir haben es immer noch besser als viele Familien in der Welt.

1. Aber wir haben erst angefangen: Alle anderen Häuser in der Nachbarschaft werden genauso entfernt. Unser Vorort wird zur Barackensiedlung. Aber wir haben wenigstens ein Dach über dem Kopf! Und durch unsere Wohnung läuft kein Wasser, wenn es stark regnet.
2. Es verschwindet noch mehr: Es gibt keine Zeitungen, keine Illustrierten, keine Bücher. Stattdessen erlauben wir für die ganze Siedlung: ein Radio! In Indien ist der Durchschnitt: Ein Radio auf etwa 300 Menschen.
3. Als nächstes müssen die »öffentlichen Dienste« aufgehoben werden: Kein Briefträger mehr, keine Feuerwehr. Es gibt eine Schule, aber die ist 5 km weit weg und hat nur zwei Klassenräume. Weil die Hälfte der Kinder nicht zur Schule geht, bekommt man sogar einen Platz in diesen Zimmern.
4. Natürlich ist kein Krankenhaus oder Arzt in der Nähe. Die nächste Klinik ist 15 km entfernt, und dort ist nur eine Hebamme. Die Klinik könnte mit dem Fahrrad erreicht werden, aber es ist

---

[2] Vorgelesen aus: K. H. Bartels/D. Steinwede/R. Ziegler, Werkbuch Bibl. Geschichte für Kindergottesdienst und Schule, Bd 3, Göttingen/München 1975 (Dauer: ca. 6 Min.).

Zwei Welten, in die Jesus kommen will
Arbeitslosigkeit
Krankheit
Hunger
Neid Hetze Unzufriedenheit
Unglaube Innere Leere

unwahrscheinlich, daß eines vorhanden ist. Man kann auch mit dem Bus fahren – aber nicht immer *im* Bus, meist ist Platz auf dem Dach.

1. Wir überlassen der ganzen Familie als Rücklage DM 20,--. Ob der Vater Arbeit findet, ist ungewiß. Vielleicht werden die Kinder irgendwo angestellt. Denen braucht man nicht so viel Arbeitslohn zu geben. Wenn sie einen Tag gut gearbeitet haben, vielleicht 60 Pfg. Und wenn sie keine Arbeit finden? Nun, sie können den Abfall auf den Straßen durchsuchen und wie persische Kinder in Hungerzeiten unverdaute Haferkörner aus dem Pferdemist suchen.
2. Wir haben noch vieles ausgelassen: Die Krankheiten, die Fliegen, die Abwässer. Das Gefühl der Hoffnungslosigkeit: Es wird nie besser.

Evangelium: Lk 6,20–26: Seligpreisungen und Weherufe.

3. Sonntag: Was uns heute auffrißt: das Ungeheuer

Evangelium: Lk 18,18–30: von Reichtum und Nachfolge, oder
Lk 16,19–31: der reiche Mann.
Die Leute, die Entwicklungsländer besuchen, staunen immer wieder über die Menschen dort: obwohl die Not groß ist, sind sie froher und zufriedener als wir. Warum? Uns frißt das Ungeheuer »Wohlstand und Wachstum« auf. (Jetzt Beispiele erzählen zu: wir werden immer anspruchsvoller und »gefräßiger«; die Mutter weiß nicht mehr, was sie noch kochen soll; was sollen wir noch zu Festtagen verschenken? Die Geschenkflut bei Kommunionkindern ...)
Gegen dieses »Ungeheuer« hilft nur: Verzichten auf ... Die Erfahrung lehrt: je weniger wir haben, um so bereiter sind wir zu verschenken – um so mehr Nachbarschaftshilfe ist möglich – um so gastfreundlicher sind wir – um so glücklicher werden wir – um so mehr Raum lassen wir auch wieder für Gott.

4. Sonntag: Verantwortung der Christen *untereinander:*
großer Leib, in den viele Menschenköpfe aller Rassen gezeichnet sind

Evangelium: 1 Kor 12,12ff: Leib – Glieder.
Es ist mit uns Christen wie bei einem menschlichen Körper. Der Körper hat ganz verschiedene Teile: Auge, Ohr, Hände, Füße – und doch gehört alles zu einem Leib. Jeder Teil ist wichtig. Das Ohr kann nicht sagen: ich gehöre nicht zum Körper. Oder die Hand kann nicht zum Fuß sagen: ich brauche dich nicht. Alle Teile brauchen einander. Und so ist das auch mit uns, die wir zu Jesus gehören: Durch die Taufe gehören wir alle zu dem einen Leib, ob wir nun Deutsche sind oder Afrikaner oder Inder. Jesus ist unser Haupt, und wir alle – die Glieder dieses Leibes – sind füreinander da. Wir müssen uns also um jedes Glied am Körper kümmern.
Zur Veranschaulichung kann ein Brief aus der »Paten«-Pfarre in der Dritten Welt vorgelesen, ein Missionar oder eine Missionsschwester interviewt bzw. ein gestelltes Interview zu Fragen »Misereor« gebracht werden.

5. Sonntag: Wir schlagen eine Brücke: die Brücke über eine Kluft

Von hier nach da und umgekehrt: Wir empfangen auch schon viel aus den jungen Kirchen – vielleicht werden wir einmal von »Entwicklungsländern« her missioniert.
Eine Brücke der materiellen Güter (unsere Geldopfer), aber auch die »Gebets«-Brücke.
Evangelium: Mt 5,6–9: die Seligpreisungen.

6. Sonntag (Palmsonntag)

Wegen der Leidensgeschichte bleibt keine Zeit für eine Predigt. Soweit es möglich ist, soll der Kalender in die Gebete und Texte einbezogen werden.

2. Dreh dich um, denn dein Retter naht! (Adventszeit)

Grundmotiv: Die griechische Sage des Tantalos, der wegen seiner ruchlosen Taten in der Unterwelt büßen muß.

Unter anderem leidet Tantalos furchtbaren Hunger; über seinem Kopf hängen die köstlichsten Früchte. Sobald er aber danach greift, reißt ein Sturmwind sie unerreichbar hoch. Auch leidet er furchtbaren Durst. Jedesmal aber, wenn er von dem Wasser schlürfen will, das ihm bis zum Kinn reicht, vertrocknet es vor ihm im Boden.
Ist das nicht auch die Situation des heutigen Menschen? Bis zum Hals stehen wir im Wasser! Welche Zukunftsvisionen entwerfen die Wissenschaftler für die Menschheit: die Umweltverschmutzung, das Wettrüsten nehmen zu; die Wohnungen sind zwar größer und schöner geworden, aber sind die Menschen zufriedener?
Und jetzt machen wir genau das Falsche: wir strecken uns noch nach immer mehr materiellen Gütern aus, nach *faszinierenden* »Früchten«, die unseren inneren Hunger aber nicht stillen können. (Darum werden die Äpfel an einem Sonntag in solche »Früchte« umgemalt: Banknoten, Fernseher, Auto etc. hingen am Ast, nach denen sich der Mensch ausstreckt.)
Und dabei ist die Rettung für uns alle so nahe: wenn wir nur würden wie Kinder, so machtlos, so angewiesen auf Gott, so vertrauend ... Wie aber dieses Kind – Jesus – auch schon für die gefallenen Engel eine Zumutung bedeutete (in der Weise deutet die mündliche Überlieferung die »Probe« der Engel in der Bibel), so ist dieser Jesus auch heute für viele keine Lösung aus diesem Dilemma.
Wir Christen versuchen aber immer wieder, jene Güter zu erreichen, die Jesus uns für den richtigen Weg verspricht.

1. Sonntag: Jeremia zerschlägt den Krug (Jer 19,1–11 in Auszügen)

»Evangelium«-Predigt: Die Bibel berichtet nicht nur vom »lieben Gott«, es gibt nicht nur den barmherzigen Vater. Es gibt auch den gerechten, den zürnenden, den »furchtbaren« Gott: der das »Unkraut« ausreißen, die »Spreu« verbrennen, die schlechten »Fische« wegwerfen wird. Auch Jesus wird wiederkommen in Macht und Herrlichkeit, um die Menschen zu richten. Darum der Ruf im Advent: Ändert euch!

Dreht euch um! Laßt das Verlogene, das Selbstsüchtige, sonst könnt ihr vor Gott nicht bestehen.
So sendet Jahwe, der Gott des Alten Testamentes, Propheten aus, um die Menschen zu warnen und auf den rechten Weg zurückzuführen. Da ist z. B. der Prophet Jeremia, der den Auftrag bekommt: Geh zum Marktplatz. Nimm dir einen Krug mit und sage (der Prediger nimmt jetzt einen Krug und einen Hammer oder Eisenstab und macht sich die Worte des Propheten zu eigen): »Ihr wart schön in den Augen Gottes wie dieser Tonkrug hier. Aber ihr habt Sprünge bekommen ... ihr nehmt IHN nicht mehr ernst. Glaubt ihr, nur mit Opfer im Tempel, nur mit ›in die Kirche-gehen‹ wäre schon alles erledigt ...? Gott spricht durch mich: Wenn ihr euch nicht ändert, dann zerschlage ich euch (hier den Tonkrug zerschlagen und das Erschrecken der Gemeinde einen Augenblick lang *still* aushalten), dann bin ich nicht mehr für euch da.«

Gewissenserforschung: Wie kannst du vor Gott hintreten, wenn du die Eltern bis zur Weißglut ärgerst – wenn du, Vater oder Mutter, deine schlechten Launen an den Kindern abreagierst? Ist dein Gebet nur zufällig? Nimmst du dir zu wenig Zeit für Gott? Teilst du noch mit anderen? Besuchst du Kranke? Tröstest du Betrübte? ... (Der Prediger muß überlegen, ob er diese Passage nicht im Wir-Stil spricht.)
Herr, erbarme dich – strafe uns nicht.
Wir wollen uns ändern: mehr Licht bringen, mehr Freude, mehr Frieden.

2. Sonntag: Verkündigung des Engels an Maria (Lk 1,26–38)[3]

In Maria erleben wir eine Frau, die so eine Wendung vollzieht (s. Grundmotiv: Dreh' dich um ...): Sie sagt »ja« zum Kind und damit zu Verzicht und Einsatz, wie Eltern, die »ja« sagen zu einem Kind, sich auch auf vielen Gebieten einschränken müssen. Aber so können sie auf Wesentlicheres stoßen: auf ein tieferes, intensiveres, erfüllteres Leben.
Es kann auch (etwa in der Schulmesse) vom Stern ausgegangen werden: Da ging ein neuer Stern auf. So wie für deine Mutter, als sie zum ersten Male merkte, du bist unterwegs, ein neuer Stern aufging: du solltest gesund, schön, gut werden; um ein Stern der Hoffnung, der Güte und der Freude für die Menschen zu werden ... Und jetzt, wo stehst du jetzt? (Gewissenserforschung)
Evangelium: Lk 1,46 ff: Er hat Großes an mir getan.

3. Sonntag: Die Hirten

Die Hirten, die damaligen »Abgeschriebenen«, finden *als erste* zum Kind. Damit wird klar, für wen Jesus kommt: nicht für die Gesunden, sondern für die Kranken. Und sind

---

3 Am besten nach: D. Steinwede, Zu erzählen deine Herrlichkeit, Göttingen 1965.

Dreh dich um, denn
dein
Retter
naht
50

wir nicht alle irgendwo krank?: blind für viele kleine Zeichen am Wege und die Sorgen anderer – lahm, weil wir oft mutlos und ausgebrannt sind – behindert, weil wir zuviel »Speck« oder »Stacheldraht« am Herzen angesetzt haben...
Evangelium: Mt 9,9–13: Berufung des Mattäus, Lk 19,1–10: die Einkehr bei Zachäus, u. ä.

4. Sonntag: Die richtige Nachfolge

Die Kerzen am Adventskranz sind Menschen, die sich ganz auf Christus ausrichten (eine Gruppe Kinder, die sich einander die Hände geben = Nächstenliebe, schauen auf das Kind in ihrer Mitte, das eine brennende Kerze hält = Gottesliebe: wir richten uns auf Christus, unser Licht aus).
Evangelium: 1 Joh 2,7–11: das Licht lieben...
Aus einer solchen Gemeinschaft, die *ein* Herz und *eine* Seele ist, entstehen die Werte, die uns auch innerlich leben lassen: aus Wettrüsten wird Frieden, aus Neid Wohlwollen, aus Angst Freude, aus Hetze innere Ruhe (Kinder heften vorgefertigte Schilder mit den neuen Werten an den Kalender).

An diesem Sonntag war auf das Grundmotiv das Jesuskind gezeichnet – in den Rücken des greifenden Jungen: Wir dürfen Weihnachten feiern, wenn wir uns wirklich wieder nach Jesus »umdrehen« und auf IHN, der uns zum Vater führen will, unser Leben ausrichten.

3. Vater, was du den Klugen verborgen hast... (Fastenzeit)

Grundmotiv: Ein Eisberg: Nur 1/7 des Eisberges können wir sehen. Das meiste ist uns verborgen, wenn auch da. So gibt es viele Glaubensgeheimnisse, von denen wir nur wenig verstehen können: »Geheimnis des Glaubens« (jeden Sonntag jetzt besonders betont).

1. Sonntag: Wir wissen so wenig von Gott:
ein Dreieck (=Zeichen für die Dreifaltigkeit), um das eine flammende Sonne gezeichnet ist.

Die Sonne wird erklärt durch die Geschichte vom König, der Gott sehen wollte:

Schwerste Strafen drohte er allen Weisen und Priestern an, wenn es ihnen nicht gelänge, ihm Gott zu zeigen. Als alle schon verzweifelten, kam ein Hirte, der den König auf einen freien Platz führte, ihm die Sonne zeigte und sagte: »Sieh hin!« Sofort senkte der König geblendet den Kopf und rief: »Willst du, daß ich erblinde?« »Aber König«, sagte der Hirte, »die Sonne ist doch nur *ein* Ding der Schöpfung, ein schwacher Abglanz seiner Größe... Wie willst du Ihn selbst aushalten können!«
(nach Leo N. Tolstoi)

Vater, was du den Klugen
verborgen hast...

Ähnlich das Geheimnis der Dreifaltigkeit:

Einst ging Augustinus – so wird erzählt – am Meer spazieren und dachte über das Geheimnis der Dreifaltigkeit nach. Da bemerkte er ein Kind, das mit seinem Eimerchen Wasser aus dem Meer in einen kleinen abgegrenzten Bereich schöpfte. »Was machst du da?« »Ich möchte das Meer in meinen Teich schöpfen!« Da lachte Augustinus: »Das wird dir nie gelingen!« Da richtete sich »das Kind« auf und sagte: »Ich mache es genauso wie du: du willst mit deinem kleinen Verstand das Geheimnis des dreieinigen Gottes verstehen!«

Und das Geheimnis der hl. Eucharistie:

Zu einem Priester kam ein Mann, der sich über den Glauben lustig machen wollte und fragte: »Wie ist es möglich, daß aus Brot und Wein Fleisch und Blut Christi werden?« Der Priester antwortete: »Wenn schon dein Körper die Nahrung, die du zu dir nimmst, in Fleisch und Blut umsetzen, ›verwandeln‹, kann, warum soll Gott nicht auch das andere vermögen?« Der Mann gab sich nicht geschlagen: »Wie kann denn in so einer kleinen Hostie der ganze Christus zugegen sein?« Der Priester gab zur Antwort: »Eine Landschaft, die vor dir liegt, ist so groß und dein Auge doch so klein. Und doch ist das Bild der großen Landschaft in deinem Auge. Warum soll es denn nicht möglich sein, daß in der kleinen Brotsgestalt der ganze Christus zugegen ist?« – Noch eine dritte Frage stellte der andere: »Wie kann derselbe Christus gleichzeitig in allen euren Kirchen zugegen sein?« Da nahm der Priester einen Spiegel und ließ ihn hineinschauen. Dann warf er den Spiegel zu Boden und sagte: »Auch in jedem einzelnen Stückchen kannst du dein Bild jetzt gleichzeitig sehen!

Evangelium: Lk 1,52: Er stürzt die Mächtigen vom Thron; Mt 6,7–15: Vater unser; Mt 11,25–27: Ich preise dich, Vater...

2. Sonntag: Wir wissen so wenig von der Zukunft: die brennende Welt

Ersticken wir im Müll? Erfrieren wir einmal aufgrund der Energiekrise, verseucht uns der Atommüll...? Ist die innere Umweltverschmutzung nicht noch schlimmer?[4]
Evangelium: Mt 24,29ff: Vom Kommen des Menschensohnes.
Im letzten Buch der Bibel, der Geheimen Offenbarung des Johannes, wird ein großartiges, furchtbares Bild gezeichnet: die Welt wird *wie* durch Feuer gehen, das alles Böse vernichtet (»Feuer«: 1,14; 2,18; 8,7–12; 9,17–19; 11,5; 14,18; 16,8.9.; 18,8; 19,3; 20,9.10.14.15; 21,8 und die vielen Parallelen im AT), wie auch Metall, um es rein zu machen, erst durchs Feuer gehen muß, damit alle Schlacken zurückbleiben. Der Beginn der Fastenzeit zeigte ja schon mit dem Aschenkreuz ganz klar: Mensch, denk' daran: es bleibt nur Asche. Streck' dich nach Werten aus, die nicht vergehen![5]
So sind auch die Farben auf dem bekannten indischen »Hungertuch«: links aschgrau, rechts frische Lebensfarben.

---

[4] Vgl. dazu die Zeichenpredigt Nr. 72: wer kämpft für den *inneren* Umweltschutz?, in *133 Kinderpredigten,* S. 85f.
[5] Vgl. Zeichenpredigten zum Aschermittwoch in: *133 Kinderpredigten,* Nr. 20+21, S. 39f.

3. Sonntag: Wir wissen so wenig vom »Jenseits«:
die Wolke, dahinter das Zeichen von Jesus

Evangelium: Apg 1,9–11: Himmelfahrt Jesu.
»Ich bin immer bei euch«, hat Jesus gesagt. Sein Versprechen muß unserem Glauben genügen: Jesus ist verborgen mitten unter uns. Dafür gibt es keine Beweise (sie würden uns die Freiheit nehmen, zu glauben oder nicht), aber Hinweise: es gibt Dinge, die wir nicht sehen und spüren können[6]. Der Tod hat nicht das letzte Wort!

4. Sonntag: Wir wissen so wenig vom Sinn des Leidens:
ein Mensch unter einem schweren Kreuz

Es werden zuerst Beispiele des »Kreuzes« in übertragenem Sinn aufgezählt: Kreuze nicht als Strafe Gottes. Kreuze, die wir auch, wenn wir sie nicht ändern können, durchtragen sollen wie Jesus, der uns mit seinem Kreuz ein Beispiel gab.
Dann wird folgende Legende erzählt:

Eine Legende aus dem Mittelalter berichtet, wie Gott einmal Erbarmen hatte mit einem Menschen, der sich über sein zu schweres Kreuz beklagte. Er führte ihn in einen Raum, wo alle Kreuze der Menschen aufgestellt waren, und sagte ihm: »Wähle!« Der Mensch machte sich auf die Suche. Da sah er ein ganz dünnes, aber dafür war es länger und größer. Er sah ein ganz kleines, aber als er es aufheben wollte, war es schwer wie Blei. Dann sah er eins, das gefiel ihm, und er legte es auf seine Schultern. Doch da merkte er, wie das Kreuz gerade an der Stelle, wo es auf der Schulter auflag, eine scharfe Spitze hatte, die ihm wie ein Dorn ins Fleisch drang. So hatte jedes Kreuz etwas Unangenehmes. Und als er alle Kreuze durchgesehen hatte, hatte er immer noch nichts Passendes gefunden. Da sah er eins, das hatte er übersehen, so versteckt stand es. Das war nicht zu schwer, nicht zu leicht, so richtig handlich, wie geschaffen für ihn. Dieses Kreuz wollte er in Zukunft tragen. Aber als er näher hinschaute, da merkte er, daß es sein Kreuz war, das er bisher getragen hatte.
(nach Chamisso)

Evangelium: Offb 21,1–4: der neue Himmel und die neue Erde.

5. Sonntag: Wir wissen so wenig vom Leben nach dem Tod:
Raupe – Puppe – Schmetterling

Evangelium: Mt 16,21–24: Jesus kündigt Leiden und Auferstehung an.
Es wird der Ablauf der Entwicklung eines Schmetterlings erzählt. Das kennen wir aus Erfahrung und nehmen dieses »Wunder« kaum noch wahr[7].
Dazu folgende Geschichte:

---

[6] Vgl. Zeichenpredigt Nr. 47 »Jesus ist überall« in: *133 Kinderpredigten,* S. 64f, und Nr. 124 »Wo ist die Seele?«, S. 126f.
[7] Ähnlich die Zeichenpredigt Nr. 122 »Es fehlt uns die Erfahrung«, in: *133 Kinderpredigten,* S. 125.

Eine Fabel erzählt das Gespräch zwischen einer Libellenlarve, die immer wieder den unwiderstehlichen Drang nach oben hat, um neue Luft zu schöpfen, und einem Blutegel, der sagt: »Hab' ich vielleicht jemals das Bedürfnis nach dem, was du Himmelsluft nennst?« »Ach«, erwiderte die Libellenlarve, »ich hab' nun einmal die Sehnsucht nach oben. Ich versuchte auch schon einmal, an der Wasseroberfläche nach dem zu schauen, was darüber ist. Da sah ich einen hellen Schein, und merkwürdige Schattengestalten huschten über mich hinweg. Aber meine Augen müssen wohl nicht geeignet sein für das, was über dem Teich ist. Aber wissen möchte ich es doch!«
Der Blutegel krümmte sich vor Lachen: »O du phantasievolle Seele, du meinst, über dem Tümpel gibt es noch was? Laß doch diese Illusionen. Glaub' mir als einem erfahrenen Mann: Ich hab' den ganzen Tümpel durchschwommen. Dieser Tümpel ist die Welt – und die Welt ist ein Tümpel. Und außerhalb dessen ist nichts!« »Aber ich hab' doch den Lichtschein gesehen und Schatten!?« »Hirngespinste! Was ich fühlen und betasten kann, das ist das Wirkliche«, erwiderte der Blutegel. – Aber es dauerte nicht lange, bis sich die Libellenlarve aus dem Wasser herausschob, Flügel wuchsen ihr, goldenes Sonnenlicht und blauer Himmelsschein umspülten sie, und sie schwebte schimmernd über den niedrigen Tümpel davon.

Wie es nach dem Tod weitergeht, das übersteigt unsere Vorstellungskraft.
So wie sich dein Körper vom winzigen Embryo über den jugendlichen, erwachsenen und alten Menschen immer wieder neu entwickelt und wir nie sagen könnten, welches denn nun der »richtige« Körper ist, – es ist doch jeder der richtige, der gerade zu dir gehört –, so wird auch im Tod deine »Seele« einen neuen Leib bilden, in dem du wiederzuerkennen bist: du bleibst der Martin oder die Gaby. Aber *wie* das nun sein wird, da lassen wir uns überraschen!

6. Sonntag: Palmsonntag

Wegen der Passion bleibt keine Zeit für eine Predigt. Soweit möglich, wird der Kalender in die Gebete und Zwischentexte miteinbezogen. Da ergeben sich gerade bei diesem Kalender viele Möglichkeiten.

4. Dein Reich komme (Adventszeit)

Grundmotiv: Aus einer leicht geöffneten Walnuß, die unter der Erde liegt, wächst ein kleines Bäumchen.
1. Sonntag: Der Glaube kann Mauern sprengen
Ein Bäumchen sprengt mit seinen Wurzeln eine dicke Mauer.

In der Predigt wird kurz die Entwicklung des Christentums gezeigt von der Urgemeinde bis zur Weltreligion. Danach steht die Schilderung einzelner Personen, die die Sprengkraft des Glaubens aufzeigen:
- Mutter Teresa in Indien
- Don Bosco (zum Zeitpunkt seines Todes wurden rund 130000 Jungen und junge Männer in den Don Bosco-Heimen betreut)

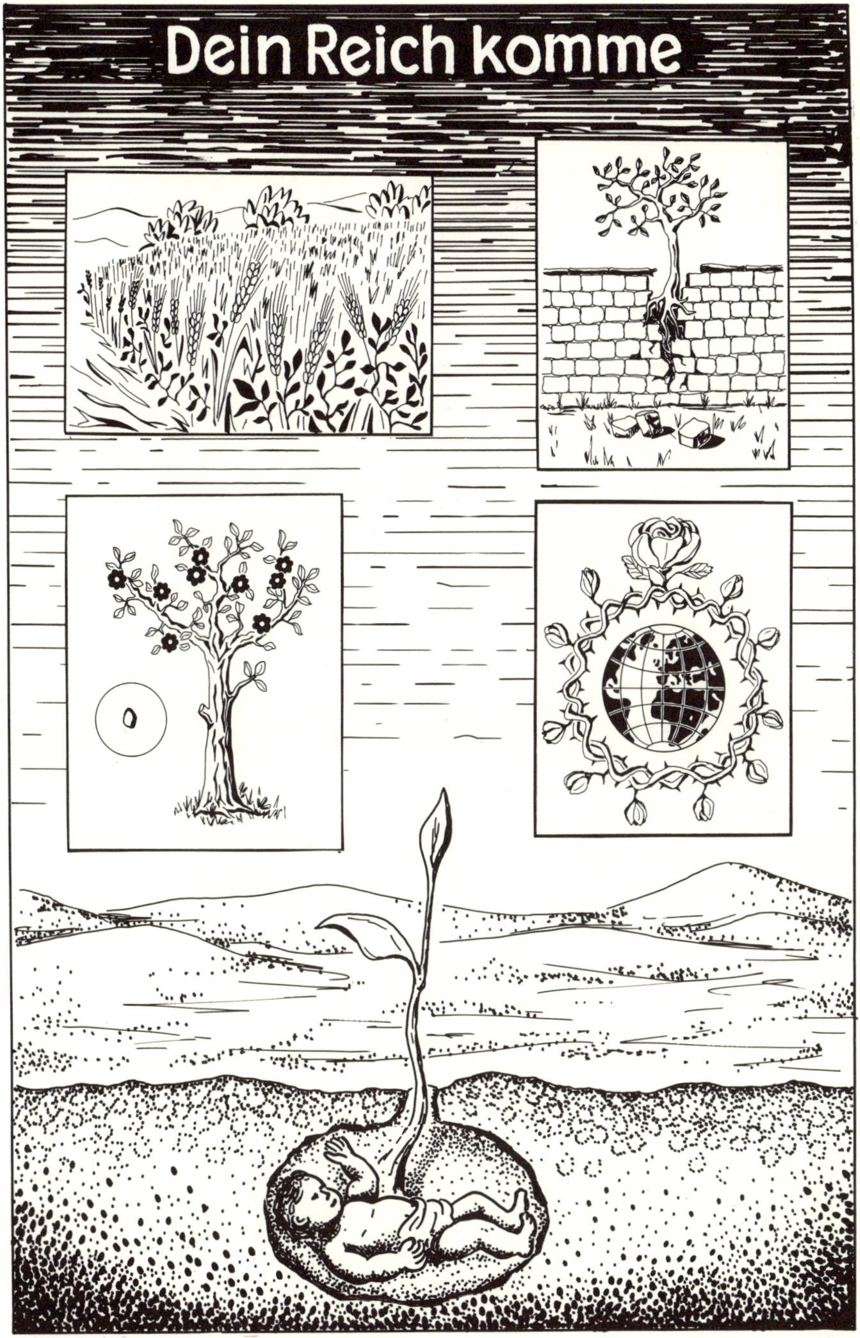
Dein Reich komme

– eine Begebenheit von Klemens Maria Hofbauer, des Apostels von Wien (s. S. 64).
Zum Schluß: Wie sähe das in unserem Stadtteil ... aus, wenn unser Glaube so stark wäre, daß er wirklich Mauern sprengen würde!
Evangelium: Mt 19,20–21: Der Glaube kann Berge versetzen oder Mt 14,22–33: Der Glaube kann übers Wasser gehen lassen (nach D. Steinwede, s. Anm. 2).

2. Sonntag: Zeichen der Hoffnung
Aus dornenumrankter Erdkugel erblüht eine Blume.

Evangelium: Ein Zeichen der Hoffnung ist unser Wille, mehr zu teilen – wie Johannes es fordert: Lk 3,11–14.
Zuerst ein »Witz«, der zeigt, wie schwer uns das Teilen fällt:

Sie trinken auf ihre neue Freundschaft: »Wenn du fünf Fernsehgeräte hättest, würdest du mir eines schenken?« – »Freilich.«
»Wenn du fünf Autos hättest, würdest du mir eins schenken?« – »Freilich.«
»Wenn du fünf Hemden hättest, würdest du mir eins schenken?« – Der Gefragte schüttelt den Kopf.
»Warum nicht?« – »Ich habe fünf Hemden.«

Dann wird die russische Legende erzählt:

Ein reicher Mann dachte auch im Sterben nur an das, woran er sein Leben lang gedacht hatte: an sein Geld. Mit letzter Kraft löste er den Schlüssel vom Band, das er am Hals trug, winkte der Magd, deutete auf die Truhe neben seinem Lager und befahl, ihm den großen Beutel Geld in den Sarg zu legen. – Im Himmel sah er dann einen langen Tisch, auf dem die feinsten Speisen standen. »Sag, was kostet das Lachsbrot?« fragte er. »Eine Kopeke«, wurde ihm geantwortet. »Und die Sardine?« – »Gleich viel.« – »Und diese Pastete?« – »Alles eine Kopeke.« Er schmunzelte. Billig, dachte er, herrlich billig! Und er wählte sich eine ganze Platte aus. Aber als er mit einem Goldstück bezahlen wollte, nahm der Verkäufer die Münze nicht. »Alter«, sagte er und schüttelte bedauernd den Kopf, »du hast wenig im Leben gelernt!« – »Was soll das?« murrte er Alte. »Ist mein Geld nicht gut genug?« Da hörte er die Antwort: »Wir nehmen hier nur das Geld, das einer *verschenkt* hat.«

Es kann auch das Märchen »Die Sonne und die Wolke« von Gianni Rodari vorgelesen werden (D. Steinwede, Das Hemd des Glücklichen, Gütersloh 1976, S. 80), oder:

»Mein Honig und Blütenstaub gehören mir und keinem anderen!« sagte eine Blume und ließ weder Biene noch Schmetterling davon naschen. Dafür welkte sie ziel- und zwecklos dahin und starb ohne Frucht und Samen.

Die Kinder können auch Szenen spielen, die vom »Schenken« handeln, durch das keiner »ärmer« wird: z. B. J. Reding, »Wißt ihr, was Schenken ist?«, in: »Sternsinger« 4/1977, oder »Kindermeßbörse« Nr. 26 (Kath. Jugendamt, Stiftsplatz 4, 4 Düsseldorf). Ein Anti-Märchen dazu ist: Die Brote werden zu Stein, wenn wir nicht schenken. Siehe: W. Matthießen, Die Brote von Stein, in: D. Steinwede, Das Hemd des Glücklichen, Gütersloh 1976, S. 56.

3. Sonntag: Das Reich Gottes kommt mit überwältigender Macht und Herrlichkeit
Ein Senfkorn *und* ein üppig blühender Baum.

Evangelium: Mt 13,31–32: das Gleichnis vom Senfkorn[8].
Ein Glas Wasser steht bereit, in das ein Körnchen Chemikalie gegeben wird, das beim Umrühren das ganze Wasser dunkelblau färbt: Wenige Christen, die wirklich überzeugen, könnten unseren ganzen Stadtteil ... verändern.
Beispiele von großen und »kleinen« Heiligen erzählen, wie z. B. der kleinen Theresia von Lisieux (über die es ein Buch mit dem Titel gibt: »Das Senfkorn von Lisieux«, I. F. Görres, Herder Bd. 192), die die Welt verändert haben.

4. Sonntag: In Geduld auf das Reich Gottes warten
Unkraut wuchert im Weizen.

Der Prediger erzählt von einem Kind, das voller Ungeduld auf das Wachsen der Pflänzchen schaut, die es im Balkonkasten gesät hat. Damit es schneller geht, zieht es jedes Pflänzchen ein Stückchen in die Höhe ... (die Kinder reagieren spontan). So wollen auch viele die »Rache Gottes« vorwegnehmen, indem sie sich selbst rächen wollen. (Beispiele ...)
Müßte Gott zuschlagen bei jedem Menschen, der Häßliches im Sinn hat?
Evangelium: Mt 13,24–30: Unkraut im Weizen – Geduld der Knechte[9].
In der Schulmesse kann der Versuch gemacht werden, die Geschichte vom »geduldigen Ijob« so zu erzählen, als würde sie *heute* geschehen: »Ich kenne einen Mann hier von der Stettiner Straße, der ...«
Am letzten Sonntag wächst das kleine Bäumchen, das Reich Gottes, nicht mehr aus der Walnuß, sondern aus dem Jesuskind.

5. Viele Möglichkeiten (Fastenzeit)

Bei diesem Kalender wurde Sonntag für Sonntag etwas hinzugezeichnet. Darum erfolgt hier nur eine summarische Erklärung, um die schöpferische Phantasie des einzelnen nicht einzuengen.

Das Bild (vgl. *Glaube trägt,* S. 130f) greift mittelalterliche Ausdrucksformen, etwa der Maler Bosch und Memling, auf: die zwei Wege. Falsch daran ist sicher die krasse Trennung, denn kein Mensch geht so eindeutig den Weg des Guten oder des Verderbens.

---

8 Am besten im Text von K. Eykman/B. Bouman, Die Bibel erzählt, Freiburg 1978, S. 312ff.
9 Sehr ausführlich im Werkbuch Biblische Geschichte von K. H. Bartels/D. Steinwede/R. Ziegler, Bd. 1, Göttingen/München 1968, S. 101–104. Möglich ist auch der Bericht nach K. Eykman/B. Bouman, Die Bibel erzählt, Freiburg 1978, S. 320: Gott will nicht das Schlechte bzw. Das Unglück am neuen Turm.

Typisch allerdings ist: das Böse läßt sich viel eindrucksvoller darstellen. (Wenn sie zu neuen Götzen werden: Alkohol, Nikotin, Fußball, Auto. Umweltverschmutzung, Krieg, Leid und Hunger: das alles kann geschehen, wenn der Mensch sich auf die Straße der klassischen sieben »Todsünden« begibt.)
Eine andere Möglichkeit ist der weitere Weg der Weltreligionen rechts, der auch zum Ziel führt, und auf dem sicher manche Menschen weiter sind als manche Christen auf dem Weg, den Jesus uns gezeigt hat. Da Jesus für uns »der Weg« ist, ist der christliche Weg für uns der einfachere und kürzere. Hilfe erfahren wir durch die Sakramente und wenn wir uns für die göttlichen Tugenden (Glaube, Hoffnung, Liebe) sowie die vier Kardinaltugenden öffnen (cardo = die Türangel; Klugheit, Gerechtigkeit, Tapferkeit, Zucht und Maß). Die Zehn Gebote sind nicht typisch für den christlichen Weg; sie können auch größtenteils am Weg anderer Religionen stehen. Wer Christus nachfolgt, braucht keine Gebote mehr.
Die Hände (Geborgenheit und Friede) rechts oben sind Zeichen für den »Himmel«, der auch jetzt schon »stückweise« möglich ist. Zum vollen Sinn des Himmels gelangen alle Menschen nur über das Kreuz, da Jesus für *alle* gestorben ist. – Umgekehrt sind Verzweiflung und Egoismus Umschreibungen für »Hölle«, jetzt und später.
Mögliche Evangelien: Mt 4,1–13: Die Versuchung; Lk 15,11–32: Der barmherzige Vater (Gut und Böse liegen nicht weit auseinander: Umkehr – die Freude Gottes); Lk 10,25–37: Der barmherzige Samariter; Mt 5,1–12: Die wahre Gerechtigkeit (Himmel); Mt 26, 69–75: Verleugnung durch Petrus etc.

6. Zeichen der Hoffnung (Adventszeit)

Grundmotiv: Ein abgeschlagener Baumstamm mit dem neu ausschlagenden »Reis der Wurzel Jesse« (= Isai, der Vater des Königs David).

1. Sonntag: Noach mit der Friedenstaube und dem Regenbogen

Zuerst wird die Noach-Geschichte aus dem Alten Testament erzählt. Als *Evangelium* steht ein Text der Umkehr und Buße: Lk 15,7 oder 15,8–10: Im Himmel ist große Freude über den, der umkehrt. Ähnlich Lk 15,11–32: Der verlorene Sohn, der umkehrt (Zachäus, Mattäus, der Räuber am Kreuz). Überall, wo ein Mensch umkehrt, wächst neues Leben aus dem schon tot geglaubten Stamm.

2. Sonntag: Aus Maria wächst der Dornstrauch

Auf die große Blüte, die der Dornstrauch (= Maria) hervorbringt, wird am 4. Adventssonntag das Jesukind gelegt.

Zeichen der
Hoffnung

Anhand des Bildes werden die beiden Lieder erklärt: »Es ist ein Ros entsprungen aus einer Wurzel zart« (GL 133) und »Maria durch ein' Dornwald ging...« (Weihnachts-Singbuch 1. Teil, Freiburg 1967, S. 15)
Evangelium: Lk 1,46–50: Maria singt ein Lied zum Lobe Gottes.

3. Sonntag: Die Kundschafter mit der Riesentraube, wobei Tragholz und Traubenansatz ein Kreuz ergeben

Zuerst wird die Geschichte aus dem Buch Numeri, 13. und 14. Kapitel, erzählt oder vorgelesen.
Als *Evangelium* steht ein Reich-Gottes-Text, z. B. Mt 25,31–34: Kommt, ihr Gesegneten meines Vaters..., oder Lk 17,20f: Vom Kommen des Reiches Gottes.
Wir können jetzt schon, wenn wir aus Jesus Christus leben, größere Früchte der Liebe und des Friedens bringen (=das Kreuz im Bild).

4. Sonntag: Löwe und Lamm liegen einträchtig beisammen

(Jes 11,6: Löwe und Schaf werden beieinander weiden; oder Wolf und Lamm; vgl. Lk 10,3: Ich sende euch wie Schafe mitten unter die Wölfe.)
Ein Bild für den kommenden Frieden, der die ganze Schöpfung umfaßt. Deshalb kann man auch die ganze *Lesung* bei Jes 11,6–10 nehmen, zumal im Vers 10 steht: An jenem Tag wird der Sproß aus der Wurzel Isais zum Signal für alle Nationen. Möglich ist auch die Lesung von der »Stadt des Friedens«, aus K. Eykman/B. Bouman, Die Bibel erzählt, Freiburg 1978, S. 265ff.
Dann sprechen Kinder folgenden Text:

1. Ich hatte einen schönen Traum: Alle Gefängnisse waren leer, die Krankenhäuser lagen wie ausgestorben.
2. Die Länder hatten keine Grenzen mehr. Keine Tür war mehr abgeschlossen. Die Wohnungen kosteten keine Miete mehr.
3. Panzer und Bomben waren verschwunden. Es traf keine Kugel mehr. Keine verzweifelten Schreie waren mehr zu hören.
1. Kinder spielten nicht mehr Krieg. Keiner brauchte mehr vor Hunger zu sterben. Der Neid wirkte nicht mehr wie Gift.
2. Alle, die an Christus glaubten, halfen sich gegenseitig. Das kleine Kind spielte mit giftigen Schlangen. Der Wolf (Löwe) lag neben dem Lamm.
3. Wo gibt es das? – Wo trägt keiner mehr Haß im Herzen? Wo rechnet keiner mehr eiskalt? Wo braucht keiner mehr Angst zu haben?
1. Dieser Traum ist das Paradies.
2. Auch unsere Erde kann jetzt schon zum Paradies werden!
3. Ich will alles tun, daß jetzt schon etwas von diesem Traum Wirklichkeit wird.
1. Ich will alles tun, daß jetzt schon etwas...

2. Ich will alles tun, daß schon jetzt etwas von diesem Traum Wirklichkeit wird.
Priester: Ja! Gott will jetzt schon eine Welt ohne Tränen und ohne Streit. Wenn nur wir Menschen wollten!
Evangelium: Offb 21,1–4: Gottes Gegenwart im neuen Jerusalem. Beim zweiten Kommen Jesu wird er unsere Versuche, die Welt jetzt schon heller und freundlicher zu machen, überhöhen.
(An diesem Sonntag lag auf der Blüte des Rosenstrauches Maria das Jesuskind.)

7. Für alle vergossen (Fastenzeit)

Grundmotiv: Der Keltertreter (Ein Mann zertritt Trauben, damit deren Saft an der Kelteröffnung herausfließt.)

Jesus ist dargestellt als Gottesknecht, der als »Keltertreter« die Leiden der Menschheit wie unser eigenes Leid auf sich nimmt. So wie wir über das Leiden Jesu auf das heutige millionenfache Leid in der Welt stoßen können, sollen wir aus der Gnade, die aus Christi Leiden fließt, neue Kraft schöpfen und uns für das Leiden anderer verantwortlich wissen.

1. Sonntag: Das Blut des Lammes rettet die Israeliten aus der Knechtschaft der Ägypter

Die Geschichte vom Paschamahl (Ex 12 und 13) wird erzählt: Das Blut des Lammes auf den Türpfosten rettet vor der zehnten Plage, die alle Erstgeborenen der Ägypter tötet, und befreit aus der Knechtschaft Ägyptens. Im Gedenken daran feiern die Israeliten seitdem das Paschafest: sie essen reisefertig das fehlerlose Lamm.
Jesus wird einmal das neue Lamm sein, dessen Blut auf dem Holz des Kreuzes uns aus der Gefangenschaft des Todes befreit. Johannes dem Täufer wird diese Verbindung in den Mund gelegt:
Evangelium: Am folgenden Tag sah er, wie Jesus auf ihn zukam, und sagte: Seht, das Lamm Gottes, das die Sünde der Welt hinwegnimmt! (Joh 1,29)
In jeder hl. Messe wird nach der Brechung des Leibes Christi gesprochen: Lamm Gottes, du nimmst hinweg die Sünde der Welt ... und bei der Einladung zur hl. Kommunion: Seht das Lamm Gottes, das hinwegnimmt die Sünde der Welt[10].

2. Sonntag: Das Paschamahl im Abendmahlssaal

---

[10] Mehr dazu in *133 Kinderpredigten*, S. 52f; auch in dem von mir herausgegebenen Taschenbuch *Kommuniongeschichten*, S. 41ff.

Der Prediger erzählt, wie auch die Jünger als Erinnerung an den Auszug aus Ägypten mit Jesus das Paschalamm nach jüdischem Brauch essen.
Evangelium: Mt 26,17–19. 26–29[11].
In den Wandlungsworten der hl. Messe kommt auch die Überschrift des Kalenders vor: ... mein Blut, das für euch und *für alle vergossen* wird zur Vergebung der Sünden.

3. Sonntag: Sakramente

Die »Gnade« Gottes = Kraft und Nähe Christi erfahren wir in den Sakramenten (= 7 Symbole), die durch die Kirche (= Brunnen) ausgeteilt werden. Der Kelch, in den zuerst das Blut fließt, soll an den eucharistischen Kelch als das Herz der christlichen Kirchen erinnern.
Evangelium: Joh 15,1–5: Ich bin der Weinstock – ihr seid die Reben. (Wer in Gottes Augen Frucht bringen will, muß eng mit Jesus verbunden bleiben.)
Dieses Bild kann gut die Wirkkraft der Sakramente zeigen und die weithin für Kinder und Jugendliche leere Worthülse »Gnade« erklären: Wir sind in den Sakramenten eng mit Jesus verbunden, sollen daraus neue Kraft für die Nächstenliebe schöpfen (auf der Missio-Leuchtbox war das Bild vom barmherzigen Samariter zu sehen) und alles als *Geschenk* Gottes ansehen.
Sieben Kinder stellten die Sakramente dar und erzählten die wichtigsten Merkmale.

4. Sonntag: Der Pelikan tränkt mit seinem Herzblut seine Jungen

Die Legende erzählt: Der Pelikan habe in einer Notzeit sein eigenes Leben auf diese Weise geopfert, um seine Jungen zu retten. – Weil Jesus mit seinem Blut uns gerettet hat, wird der Pelikan als Symbol für Christus oft auf Meßgewändern, Mosaiks, Grabmälern ... dargestellt.
Evangelium: Joh 10,11–15: Der gute Hirt gibt sein Leben für seine Schafe; Joh 15,12–13: Das ist mein Gebot: Liebt einander, wie ich euch geliebt habe. Es gibt keine größere Liebe als die, wenn einer sein Leben gibt für seine Freunde.
Hier paßt gut das japanische Märchen:

Oschoo war der Sohn braver, fleißiger Fischersleute. Er war ein guter Fischer und half seinen Eltern bei der Arbeit, wo er nur konnte, und als seine Eltern alt und schwach wurden, war er ihre einzige Stütze. Er schützte sie vor allem Mangel.
Weil er immer freundlich war, kauften alle Leute der Umgegend ihre Fische bei ihm, und jedermann hatte ihn gern. Er wurde mit der Zeit sogar reicher und kaufte sich oben im Gebirge einige große Teiche mit herrlichen Karpfen.
In einem harten, strengen Winter aber, als alle Teiche fest zugefroren und dick mit Eis bedeckt waren, erkrankte seine Mutter. Eines Tages sagte sie zu Oschoo: »Ich werde sicher sterben, aber

---

[11] Am besten nach D. Steinwede, Zu erzählen deine Herrlichkeit, Göttingen 1965, S. 88f, oder auch *Kommuniongeschichten,* S. 58–64 (zwei Erzählungen zur Auswahl).

...FÜR ALLE VERGOSSEN

wenn ich nur einen Karpfen aus deinen Teichen hätte, so könnte ich vielleicht noch einmal gesund werden.« Oschoo war sehr traurig über die Worte seiner Mutter. Er wußte, wie dick das Eis auf den Teichen lag; aber er sprach: »Ich gehe sofort, Euch einen Fisch zu holen.« Er nahm eine Axt über die Schulter; aber der Wind pfiff so eisig vom Gebirge herunter, daß er wenig Hoffnung hatte, das Eis mit der Axt zu durchschlagen. Oschoo warf sich klagend auf das Eis, und dann fing er an zu wimmern und zu jammern, rang seine Hände und rief den Himmel um Hilfe an.
Und siehe, plötzlich fühlte er eine große Wärme seinen Körper durchdringen, rasch streifte er sein Kleid ab und blieb nackt ausgestreckt auf dem Eis liegen, um es mit seiner Körperwärme aufzutauen. Es dauerte gar nicht lange, so taute das Eis auch wirklich, so weit sein Körper reichte; ja, es schwand so plötzlich unter ihm, daß er rasch wieder aufsprang und nun mit einigen Hieben die Eisdecke entfernte. Als das geschehen war, strömten von allen Seiten Karpfen herbei, und Oschoo wählte den besten und schönsten aus.
Zu Hause angekommen, kochte er den Fisch für seine Mutter, und sobald sie davon genossen hatte, fühlte sie sich wunderbar gekräftigt. Und noch ehe der Winter zu Ende gegangen, war sie wieder völlig genesen[12].

Es eignen sich auch andere Geschichten, in denen sich einer mit seinem Leben für andere einsetzt[13] oder sich bis zum Äußersten engagiert.

5. Sonntag: Pater Maximilian Kolbe

Vielleicht sieht dieser ganze Kalender etwas »blutig« aus: Doch so war es im Alten und Neuen Testament. Und gerade heute gilt: Nie haben so viele Menschen für Christus ihr Blut vergossen wie in unserer Zeit.

Vor rund 35 Jahren steht ein Mann in einem Konzentrationslager, den sicheren Tod vor Augen. Der Mann heißt Pater Maximilian Kolbe. Ein Sträfling ist geflohen. Und jetzt sollen zehn Unschuldige dafür den Hungertod sterben. Auch ein Familienvater wird ausgezählt. Er schreit laut auf. Da tritt Pater Maximilian vor die Reihen, um für ihn zu sterben. Er sagt auf die Frage ›Warum tust du das?‹: »Ich bin ein alter, alleinstehender Mann. Dieser Mann da ist jung, hat eine Familie ...«
Dann müssen die Zehn in einen unterirdischen Keller. Von nun an bekommen sie nichts mehr zu essen und zu trinken. – Nach einigen Tagen sagen die Wächter, SS-Männer: »Unglaublich! Sie sitzen schon vier Tage. Normalerweise schreien und fluchen sie dann. Und jetzt singen sie fromme Lieder!« Der andere sagt: »Dieser Pfaffe dort ist doch ein ganz anständiger Mann. So einen haben wir hier noch nicht gehabt!«

So etwas kann einer, der ganz eng mit Jesus verbunden ist, der seinem Herrn und Meister nachfolgt.
Evangelium: Jesus sagte zu seinen Jüngern: Ihr seid meine Freunde, wenn ihr tut, was ich euch auftrage. Wenn die Welt euch haßt, dann wißt, daß sie mich vor euch gehaßt hat. Denkt an das Wort, das ich euch gesagt habe: Der Knecht ist nicht größer als sein Herr. Wenn sie mich verfolgt haben, dann werden sie auch euch verfolgen; wenn sie an meinem

---

[12] L. Tetzner, »Oschoo«, gekürzt aus: Braun (Hg.), Japanische Märchen, Leyden/Holland 1909.
[13] Z. B. J. Quadflieg, »Ein Hörnlein bläst den Tod an«, in: Neue fromme Geschichten, Düsseldorf [4]1966, S. 62f.

Wort festgehalten haben, dann werden sie auch an eurem Wort festhalten (Joh 15,14.18.20).

Für ältere Kinder:
Auch in unseren Tagen opfern sich Menschen ganz für Christus:
Der gefolterte brasilianische Dominikaner Tito de Alencar schreibt in einem Bericht, den er nach seinem Selbstmordversuch an Bekannte schicken konnte: »... Sie drangen immer wieder in mich, um mich zum ›Sprechen‹ zu bringen. Sie gaben mir Schläge auf beide Ohren (»Telefone«) und beschimpften mich. Das dauerte ungefähr eine Stunde. Je mehr ich abstritt, desto heftiger wurde ich geschlagen. Die Quälereien und Verhöre dauerten bis 22 Uhr. Als ich aus dem Zimmer ging, war mein Körper mit Blutergüssen bedeckt, mein Kopf war schwer und schmerzte. Am nächsten Tag setzten sie mich auf den ›Drachenstuhl‹ und jagten mir Elektroschocks in Hände, Füße, Ohren und Kopf. Zwei Drähte wurden an meinen Händen und an meinem linken Ohr befestigt. Bei jedem Stromstoß bekam ich einen Schlag, als ob mein ganzer Körper auseinanderbersten würde. Jedesmal, wenn sie mir versprachen, meinen Schmerz zu lindern, jagten sie mir Schocks in Brust und Beine und schlugen mich. Nach einer Stunde bestand mein ganzer Körper aus blutenden Wunden. Ich fiel in Ohnmacht. Als ich wieder zu mir kam, gingen die Folterungen weiter... So befahl man mir, in einem bestimmten Augenblick den Mund zu öffnen, um ›die geweihte Hostie zu empfangen‹: und steckte einen elektrischen Draht hinein. Dadurch schwoll mein Mund so an, daß ich nicht mehr sprechen konnte... Sie stellten immer wieder die gleichen Fragen und wiederholten die Schimpfkanonaden. Sie sagten, daß die Folterungen wegen meines Widerstandes fortgesetzt würden, daß ich ein Untergrundkämpfer sei und daß ich meine Beteiligung an Banküberfällen bekennen solle. Man wollte mir drei Überfälle zur Last legen. Schocks, Schläge in... den Magen und das Ausdrücken von brennenden Zigaretten auf meinem Körper, fünf Stunden lang. Ich heulte wie ein Hund... In meiner Zelle konnte ich nicht schlafen. Der Schmerz nahm ständig zu. Ich glaubte, mein Kopf sei zehnmal größer als mein Körper. Ich machte mir Sorgen über die Möglichkeit, daß auch andere Priester das gleiche erleiden könnten. – Es wurde Zeit, ein Ende zu machen. Es gab nur eine Lösung: mich selbst zu töten. In meiner Zelle, die voller Schmutz war, entdeckte ich ein Kehrblech. Auf dem Zementboden begann ich, den Rand des Blechs zu schärfen. Der Gefangene neben mir bemerkte mein Vorhaben. Er bat mich, ruhig zu bleiben. Aber ich wollte auch die Menschen draußen und die Kirche wissen lassen, was in brasilianischen Gefängnissen vorgeht. Ich las noch die Leidensgeschichte nach Mattäus. Der Vater hatte das Opfer seines Sohnes als Beweis seiner Liebe zu den Menschen gewollt. Am nächsten Tag versuchte ich es...«
(Viele überleben diese Folterungen nicht. Darf die Kirche länger schweigen? Macht sie alles noch schlimmer, wenn sie das Militärregime deswegen angreift?)[14]

6. Sonntag: Palmsonntag

Da der Palmsonntag durch die Leidensgeschichte ausgefüllt wird, kann gerade dieser Kalender immer wieder in die Gebete und Texte miteinbezogen werden.

---

[14] Stark gekürzt aus: V. Hertle/W. Kettler/F. Hutterer (Hg.), Material- und Lesebuch zu »Glauben – leben – handeln«, München 1971, S. 64–71.

VIII. Bußgottesdienste

Außer dem ersten, der nur für Kinder gedacht ist, sind diese Bußgottesdienste aufgrund der Anschaulichkeit für die *ganze* Pfarrgemeinde gedacht. Drei andere Bußgottesdienste dieser Art finden sich in *Wir freuen uns auf die Predigt* ab S. 99: mit Holzstücken, Steinen bzw. Scherben in der Hand der Teilnehmer.
Bitte bei Folgendem immer aus der Fülle des Angebotenen auswählen!

1. Bußgottesdienst für Kinder: Mein Kreuz – dein Kreuz – Jesu Kreuz

(möglich auch am Karfreitag, in der Passionszeit, als Kreuzwegandacht)

Hilfsmittel
im Vorraum: Papier und Filzstifte;
im Chorraum: rohes Holzkreuz bis etwa 2 m groß, schräg gegen den Altar gelehnt; Heftzwecke.
Die anderen Stationen sind je nach Örtlichkeit im Chorraum verteilt:
1. Station: Schüssel, Handtuch, Gefäß mit Wasser
3. Station: viele leichte Nägel, Hammer, Zange
4. Station: etwa 8 Kerzen auf dem Altar; Kerzenlöscher und Docht zum Anzünden
5. Station: einige Blumen, Tesaband.

Im Vorraum der Kirche
Am Eingang bekommen Kinder und Erwachsene ein Blatt und einen Filzstift überreicht. Auf dem Blatt steht: »Jesus trug sein Kreuz. Trage auf diesen Zettel ein, welches kleine oder große Kreuz du zu tragen hast. Oder schreibe Kreuze anderer Menschen darauf. Dann hefte deinen Zettel vorne auf das große Holzkreuz vor dem Altar.« (Am Altar steht ein Erwachsener, der allen behilflich ist, die Zettel mit Heftzwecken am ganzen Kreuz zu befestigen. Er liest nachher auch einige »Kreuze« vor.)

Beginn
(Persönliche Begrüßung mit Hinweis auf das, was alle vorher schon getan haben.)
Wir sind heute zusammengekommen, um an Jesus zu denken, der sein Kreuz getragen hat. Uns geht es nicht besser: Gott gibt jedem ein Kreuz zu tragen, und das ist gut so. Sonst würden wir leicht übermütig und meinen, wir hätten Gott nicht nötig.
Wir wollen einmal hören, welche Kreuze wir oder andere zu tragen haben. (Der Erwachsene am großen Kreuz liest einige Eintragungen vor.)

Gebet
Gott, du willst, daß wir unsere Kreuze tragen – wie dein Sohn Jesus es getan hat, bis das gute Ende kommt, der Ostertag, an dem du uns alle Kreuze abnimmst. Darauf warten wir, Herr. Darauf freuen wir uns jetzt schon. Und darum bitten wir durch Christus, unsern Herrn.

Priester: Wir wollen einige Stationen des Kreuzweges gehen, die Jesus auch gegangen ist.

1. Station

Ein Kind liest aus der Bibel: Pilatus wollte nicht, daß Jesus gekreuzigt würde. Aber der Lärm der Menge wurde immer lauter. Die Menschen riefen: Kreuzigen, kreuzigen! Als Pilatus merkte, daß seine Worte nichts nützten, nahm er Wasser und wusch sich vor allen Leuten die Hände. Dabei sagte er: *Ich* bin unschuldig am Tode dieses Mannes! (Mt 27,23.24)

Priester (wäscht sich die Hände und trocknet sie ab): Sagen wir nicht auch oft wie Pilatus: da bin ich aber unschuldig?
1. Ich kann doch nicht dafür, wenn in der Klasse soviel gestohlen wird!
2. Wenn Schlechtes über andere weitererzählt wird!
1. Wenn so viele Kinder verprügelt werden!
2. Wenn ein Kind nicht mehr zur Schule will, weil es immer geärgert wird. Ich bin unschuldig daran!

Und die Großen reden ähnlich:
1. Was können wir dafür, daß so viele Menschen hungern!?
2. Was können wir dafür, daß so viele an Selbstmord denken!?
1. Was können wir dafür, daß so viel Unfriede in den Häusern und in der Welt ist!?
2. Daran sind wir doch unschuldig!

Können wir wirklich unsere Hände so in Unschuld waschen? (Vielleicht folgen hier noch einige Erklärungen.)

Liedruf: »Wende das Böse, tue das Gute, suche den Frieden und jage ihm nach!« (2×)[1]

2. Station
Ein Kind liest aus der Bibel: Und sie führten Jesus hinaus vor die Stadt, um ihn ans Kreuz zu nageln. Unterwegs trafen sie einen Mann aus Zyrene. Er hieß Simon. Den zwangen sie, Jesus das Kreuz zu tragen (Mt 27,32).

---

[1] P. Janssens, »Friedenssong«, Peter Janssens Musik Verlag, 4404 Telgte; abgedruckt in: Neue geistliche Lieder 2, Gustav Bosse Verlag, Regensburg 1970, S. 47.

Priester (lädt jetzt einem für das Gewicht des Kreuzes verhältnismäßig schwachen Kind – mit dem er vor dem Gottesdienst gesprochen hat – das Kreuz auf und läßt es ein paar Schritte gehen): Will keiner dem Kind helfen? –
Ihr habt doch alle schon erfahren, wie gut es tut, wenn dir einer bei einer schweren Last tragen hilft.
So können wir allen, die ein Kreuz tragen (und die nicht sichtbaren sind meistens die schwersten), durch unser Mittragen und durch unser Gebet ihr Kreuz erleichtern.

Fürbitten
So laßt uns jetzt Gott bitten:
1. für alle, die krank sind. – Stille
2. für alle, die verzagt und verzweifelt sind. –
3. für alle, die traurig sind. –
4. für alle, die hungrig sind. –
5. für alle, die sich allein gelassen fühlen. –

Liedruf: »Christus, hör uns an, erbarme dich (2×)
Christus, hör uns an, erbarme dich unser!«[2]
(Das Kreuz wird wieder vor den Altar gelehnt.)

3. Station

Ein Kind liest aus der Bibel: Und sie kamen zu der Stelle, die »Schädel« genannt wird. Dort nagelten sie Jesus ans Kreuz. Jesus betete: Vater, vergib ihnen, denn sie wissen nicht, was sie tun (Lk 23,33.34).

Priester (kommt mit Hammer und Nägeln): Wir sollen nicht voller Abscheu an die Menschen damals denken, die Jesus ans Kreuz genagelt haben. Wie oft haben *wir* schon jemanden festgenagelt?
1. Auf ein falsches Wort, das mal einer in Wut gesagt hat? (Priester schlägt einen Nagel leicht ins Holz, damit das Herausziehen später nicht zu schwer fällt.)
2. Wen nageln wir darauf fest, daß er einmal gelogen hat? (Priester schlägt wieder einen Nagel ein.)
1. Oder einmal gestohlen hat? (...)
2. Oder nicht in die Kirche geht (...)
1. Oder vorbestraft ist, arbeitslos; einen schlechten Ruf hat, eine schlechte Herkunft? (...)

---

[2] Musik und Text: P. Janssens, Peter Janssens Musik Verlag, 4404 Telgte; abgedruckt in: Bischöfliches Jugendamt im Bistum Essen (Hg.), Jubelt nicht unbedacht, Nr. 105.

(Kinder finden spontan noch Möglichkeiten: von der Straße, schlecht in der Schule, behindert...)
Wie würde sich Jesus freuen, wenn wir es anders machen (Priester nimmt die Zange) und die Nägel herausziehen?:

1. Gestern habe ich mich über dich gefreut! (zieht einen Nagel heraus)
2. Danke, du hast mir geholfen! (...)
1. Komm, lach wieder mit! (...)
2. Du gehörst doch zu uns, wir stehen zu dir! (...)
1. Das hast du gut gesagt, prima! (...)

(Kinder, die eine Möglichkeit des Positiven wissen, können vorne auch selbst die Nägel herausziehen.)
Wer hilft, andere zu befreien? – Und wenn wir das Gegenteil getan haben: Jesus hat seinen Henkern vergeben – er vergibt auch uns!

Liedruf: »Hevenu schalom alechem...«[3]

4. Station

Ein Kind liest aus der Bibel: Das Volk stand dabei und sah zu, wie Jesus hingerichtet wurde. Die Schriftgelehrten und Pharisäer verspotteten Jesus und sagten: Anderen hat er geholfen. Jetzt soll er sich selbst helfen, wenn er wirklich der ist, den Gott uns als Retter geschickt hat! – Auch die Soldaten machten sich über ihn lustig. Sie reichten ihm Essig und meinten: Hilf dir selbst, wenn du wirklich der König der Juden bist. – Auch einer der Räuber, die mit ihm gekreuzigt waren, beschimpfte ihn: Wenn du der versprochene Retter bist, dann hilf dir selbst – und uns (Lk 23,35–37.39).

Priester: Ihr seht viele Kerzen auf dem Altar, die brennen. Wer mir von euch sagen kann, wer Jesus auf seinem letzten Weg wehgetan oder verraten hat oder undankbar war, der kann jetzt nach vorne kommen und je ein Licht auslöschen! (wiederholen)
(Auslöschen bei: Volk, Petrus und andere Jünger, die Schergen, der Räuber, die Pharisäer – aber auch ich, der ich auch oft Angst habe, zu Jesus zu stehen.)
Das letzte Licht haben wir brennen lassen. Es ist ein Zeichen der Hoffnung, daß nicht alle Jesus verraten haben und verraten. Und wenn ihr überlegt, könnt ihr auch einige aufzählen, die Jesus auf seinem letzten Weg Freude gemacht oder ihm geholfen haben. – Jetzt machen wir es umgekehrt: Wer von euch eine Antwort weiß, kann hier vorne wieder eine Kerze anzünden.
(Maria, Johannes, Simon von Zyrene, der andere Räuber, Veronika... Sollte eine Kerze ausbleiben, dann soll sie uns daran erinnern, daß auch wir unsere Bemühungen, anderen zu helfen, verstärken müssen.)

---

[3] Wir bringen Frieden für alle..., vgl. *Wir freuen uns auf die Predigt,* S. 115.

Liedruf: »Ein jeder braucht sein Brot, sein' Wein ...«[4]

5. Station

Ein Kind liest aus der Bibel: Inzwischen war es Mittag geworden. Da verfinsterte sich die Sonne. Im ganzen Land war es bis 3 Uhr dunkel. (Der Vorhang im Tempel riß mitten durch.) Jesus aber rief laut: Vater, in deine Hände lege ich meinen Geist! – Mit diesen Worten starb er (Lk 23,44–46).
(Hier spielt ein Kind auf der Flöte eine Strophe von »O Haupt voll Blut und Wunden«, GL 179.)

Priester: Das Wichtigste haben wir noch vergessen (er geht vor das Kreuz und kniet sich): Ich bete dich an, Herr Jesus Christus und preise dich, denn durch dein heiliges Kreuz hast du die Welt erlöst.
(Alle wiederholen, knien sich und sprechen: Wir beten dich an ...) Hier mit diesen Blumen wollen wir das Kreuz schmücken, denn Christus hat uns durch seinen Tod wieder mit dem Vater versöhnt. Wir dürfen uns freuen: der Tod hat nicht das letzte Wort. Ja, es gibt keine Toten! Es gibt nur Lebende: Lebende hier und ganz in der Nähe Gottes!
(Das Kreuz wird mit den Blumen geschmückt. – Es kann sich jetzt eine Kreuzverehrung anschließen wie im Erwachsenengottesdienst am Karfreitag üblich.)
Während der Prozession eignen sich folgende Lieder:

»Liebte Gott, der Herr, uns nicht ...«, aus: miteinander[5], Nr. 70;
GL 205, 4. und 5. Strophe, 1. oder 2. als Zwischenruf bei gesprochenen Texten. (Texte s. G. Weber, ... bis du kommst in Herrlichkeit. Ein Schülermeßbuch, Donauwörth 1974, S. 38–49;
»Wir sind alle Kinder des Herrn ...«, aus: Laß die Kleinen singen, Studio Union im Lahn-Verlag, Limburg, Postfach 140, Best. Nr. 220, Schlußlied.

Gebet
Ja, Herr, wir vergessen nicht deinen Sieg am Kreuz. Laß uns dir einmal wiederbegegnen als Sieger über alle Not.
(Bei einer Kommunionfeier, etwa am Karfreitag, ist möglich:) Wer an den gekreuzigten und auferstandenen Jesus glaubt, darf jetzt an dem Tisch essen, wo er sich selbst uns zur Speise gibt.

Schlußgebet
Herr, wir können alle Kreuze mit auf deine Schultern legen. Zwei tragen besser als einer.

---

[4] Text nach Micha 4; Melodie: Neue geistliche Lieder in der Schule, LP Schwann Studio 302; Werkhefte »Schulgottesdienst«, Gustav Bosse Verlag, Regensburg 1975, S. 28.
[5] miteinander, Lieder und Texte für den Gottesdienst, hg. v. H. Janssen, Kevelaer [9]1978.

Darum bist du ja auch in den Tod gegangen. Durch dein Wort und dein Brot hast du uns gestärkt, damit wir unser Kreuz besser tragen können. Wir danken dir dafür. Amen[6].

Noch andere geeignete Lieder

Lieder im GL: 175 (zu Beginn), 177–180, 182;
Liedrufe im GL: 171, 172, 176, 192 (nur Refrain nehmen).
»Kreuze kreuzen unsern Weg: Zeichen des Leidens und Zeichen zum Hoffen. Allen Menschen steht Gottes Lieben offen.« Text und Melodie: M. G. Schneider, in: ders., Sieben Leben möcht ich haben, Freiburg/Lahr 1975.
»Am Kreuz hing Christ, Gottes Sohn, wo die Mörder sterben, seine Stirn mit Dorn gekrönt, Nägel in den Händen.« Text: Fr. Hoffmann. Melodie: J. Michel, in: G. Watkinson (Hg.), 111 Kinderlieder zur Bibel, Freiburg 1969.
»Ich hasse und du liebst, ich vergelte und du vergibst, ich geize und du schenkst, ich denke und du lenkst, ich hab's so gemacht und du hast es vollbracht.« Text: A. Faber. Melodie: H. Puls, in: Neue geistl. Lieder I, Regensburg.
»Das Kreuz des Jesus Christus durchkreuzt, was ist, und macht alles neu.« Text: L. Zenetti, Neue geistl. Lieder II, Regensburg. Melodie dazu von G. Fischer/G. Watkinson, Neue geistl. Lieder III, Regensburg.
»Wir danken dir, Herr Jesu Christ, daß du für uns gestorben bist und hast uns durch dein teures Blut gemacht vor Gott gerecht und gut.« Text: C. Fischer. Melodie dazu in: Gotteslob in der Schule, Teil 1, Paderborn[7].

2. Bausteine zu einem Bußgottesdienst mit Blumen

Jeder Besucher bekommt eine Blume überreicht.
(Nach meiner Erfahrung lassen die Leute zum Schluß gerne etwas Geld da für die Unkosten des Blumeneinkaufs.)

1. Meditation mit der Blume in der Hand

a) Wie schön ist diese Blume! Wenn die Schöpfung schon so schön ist, wie schön muß dann erst der Schöpfer sein!?
Sehe ich noch die Schönheit der geschaffenen Dinge, oder sehe ich viel zu schnell die Nachteile bzw. was der Mensch damit angestellt hat?
Die schönste Blüte in der Schöpfung ist der Mensch: sehe ich seine Schönheit oder mehr seine Bosheit?
b) Mit Blumen kann ich Freude machen: bei einem Kranken, bei meinem Ehegefährten ... (Bei Pflichtterminen ist es schon zur Routine erstarrt.) Lasse ich die Sprache der

---

6 Ideen zu diesem Gottesdienst trugen bei: W. Blasig, W. Willms und H. M. Schulz.
7 Zuerst veröffentlicht in »Am Tisch des Wortes«, Neue Reihe 164, Stuttgart 1978, S. 15–21.

Blumen noch sprechen, wenn eine Versöhnung erfolgte, wenn ein neuer Anfang gesetzt wird ...?

c) Es gibt ein sehr schönes Märchen vom Veilchen am Nordpol[8]: Alle sind erstaunt: ein Veilchen, das vor Frost zittert, durchdringt mutig mit seinem süßen Duft die eisige Luft, die es umweht. Alle bewundern es. In der Nacht bebt der ganze Pol von einem knarrenden Stöhnen. Das ewige Eis erzittert wie Glas und bricht an manchen Stellen. Und das Veilchen duftet, als wolle es die unendliche Eiswüste auftauen. Als es schließlich (an Überanstrengung) stirbt, denkt es: »Es mußte doch irgend jemand mit Duften anfangen ..., eines Tages werden Millionen Veilchen hier blühen ..., das Eis wird auftauen, und es wird Inseln hier geben und Häuser und Kinder ..., einer muß anfangen mitten im Eis mitmenschlicher Beziehungen ...! – Erwarte ich immer noch den ersten Schritt von anderen? Wo habe ich resigniert, »Duft zu verströmen«? An welcher Stelle, bei welchen Personen könnte ich einen neuen Anfang versuchen?
d) Eine Blume braucht Zeit, ehe sie eine Blüte hervorbringen kann. Wenn ich ein Pflänzchen aus dem Boden anheben würde, um den Wachstumsprozeß zu beschleunigen, würde ich es zurückwerfen, vielleicht sogar zerstören. Bin ich an die Knospe gegangen, um sie schon vorzeitig zu öffnen? – Habe ich genügend Geduld in der Erziehung meiner Kinder? Erwarte ich – noch viel zu früh – schon Erfolge, schon eine Antwort auf meine Liebe? Will ich sogar etwas ernten, was ich nicht gesät habe? Lasse ich mich zu schnell entmutigen? Vergesse ich, daß ich zwar begießen und die Erde um die Pflanze auflockern kann, daß aber Gott das Wachstum gibt?[9]
e) Manche Blumen bringen es gar nicht zur Blüte: bei Tulpen, Gladiolen bringt manche Zwiebel nur Blätter hervor. Habe ich genügend mit meinen Talenten gearbeitet? Oder war der Boden um mich herum zu schlecht? Ergehe ich mich in falscher Bescheidenheit? Bin ich zu faul? Lasse ich meine Phantasie verkümmern? Stelle ich meine Fähigkeiten zu wenig in den Dienst der Gemeinschaft?
f) Eine Blüte richtet sich immer nach der Sonne aus. Im Sonnenschein entfaltet sie ihre ganze Schönheit.
Orientiere ich mich noch ganz nach meiner Sonne: nach Gott, nach Jesus? Oder richte ich mich mittlerweile nach anderen Sonnen aus wie Geld, Ansehen ...

2. Meditation mit Dias

Dia 1: Blume, etwa ein Schneeglöckchen, das sich aus dem Eis erhebt
Wieweit bin ich nach einer Verbitterung noch fähig, neu anzufangen, weil ich aus der Kraft Gottes leben will?

---

[8] D. Steinwede, Das Hemd des Glücklichen, Gütersloh 1976, S. 83 ff.
[9] Vgl. dazu die Geschichte »Regen, Sonne und Wind«, in: Kurze Geschichten (s. Kap. 3, Anm. 1).

Dauern meine »Winterzeiten« zu lange, weil ich mich zu selten darauf besinne, daß auch unter dem Eis meiner Schuld die Barmherzigkeit Gottes einen neuen Anfang setzt? Weiß ich noch, daß ich aus eigener Kraft das Eis nicht durchbrechen kann, sondern der Sonne der Güte Gottes und der Mitmenschen bedarf?

Dia 2: Eine üppig blühende Blume, z. B. ein Alpenveilchen
Diese Blume vergibt all ihre Kräfte in die Blüten. Sie berechnet nicht. Sie verzehrt sich wie eine Kerze. Als Inschrift auf einem Brunnen steht: »Immer nur geben, immer nur geben.« Vergebe ich mich noch ohne Hintergedanken, ohne dafür bezahlt zu werden? Habe ich mich schon auf Tauschgeschenke eingestellt? Was sagen mir die folgenden Sprüche?

Glück kann man nur verdoppeln, indem man es teilt.
Liebe ist das einzige, das wächst, wenn wir sie verschwenden[10].

Dia 3: Blühender Kirschzweig, den der Frost zerstört hat
Ist der Glaube meiner Kinder durch meine Haltung zu früh in einen Rauhreif geraten – zerstört worden? Hat mein Sprechen von deprimierenden Erfahrungen und Enttäuschungen andere in ihrer Haltung negativ beeinflußt? Hat eine frostige Umgebung meinen Einsatz und Elan für die Sache Jesu entscheidend gelähmt?

Dia 4: Kaktus mit einer Blüte
Es gibt auch so stachelige Menschen – wie dieser Kaktus (vgl. 3. Zeichenpredigt). Wer ihnen zu nahe kommt, tut sich weh.
Aber kein Kaktus ist so stachelig – kein Mensch so garstig –, daß nicht Platz für eine Blüte wäre!
Wenn der Kaktus eine Blüte treibt – und oft muß man lange, lange warten –, dann sind es mit die schönsten Blüten, die es gibt. Jeder noch so stachelige Mensch hat irgendwo noch Liebe – noch Blüten – zu vergeben, sonst könnte er nicht leben! Jesus schaute nicht auf die Stacheln der Menschen, schaute nicht auf seine Fehler, sondern auf die Stellen, wo eine Blüte hervorzulocken ist. Er verurteilte nicht . . ., wühlte nicht in Wunden herum . . ., brach Verängstigte auf . . .

Dia 5: Ein Rosenstrauch
»Man soll sich nicht ärgern, daß der Rosenstrauch Dornen trägt. Der Dornenstrauch trägt Rosen!« (Spruch)
Sehe ich oft zu schwarz? Verallgemeinere ich schlechte Erfahrungen? Nehme ich von allen Möglichkeiten zuerst immer die schlechteste an?

---

[10] Siehe dazu auch die Geschichte »Die Sonne und die Wolke«, in: D. Steinwede, Das Hemd des Glücklichen, Gütersloh 1976, S. 80: Die Sonne hat keinen Strahl verloren – von der selbstlosen Güte geht nichts verloren.

Dia 6: Unkraut
»Wie kahl und jämmerlich würde manches Stück Erde aussehen, wenn kein Unkraut darauf wüchse!« (Spruch)
Warum verurteile ich andere Menschen als »Unkraut«, ohne sie genauer zu kennen? Helfe ich anderen, aus ihrem Dreck herauszukommen, oder zerreiße ich nur meinen Mund darüber? Oder kann ich mich so nur besser abheben? Verbiete ich meinen Kindern den Umgang mit sozial schwachen Jungen und Mädchen pauschal, nur weil sie aus der entsprechenden Straße kommen? Wie denke ich über die Randfiguren der Gesellschaft: die Ausgeflippten, Drogensüchtigen, Arbeitsscheuen? Suche ich die Schuld nur bei ihnen? Wäre ich noch fähig – wie Jesus – mit ihnen Tischgemeinschaft zu pflegen? Halte ich mich für viel besser als die anderen? Denke ich mittlerweile wie ein Pharisäer?

Dia 7: Sonnenblume
Nur die Sonne öffnet immer wieder diese Blüte. Nur durch Güte und Verständnis können wir verschlossene Menschen öffnen. Maria Magdalena ..., Mattäus ..., Verbrecher am Kreuz ..., Zachäus ...

Dia 8: Eine Rose, die aus einem Stacheldraht wächst
Aus Leid kann Gutes entstehen. Leid ist eine Herausforderung Gottes an uns: Wie reagieren wir? Lassen wir angesichts des vielfältigen Leides in dieser Welt das Gute in uns wach werden, oder stecken wir den Kopf in den Sand? Gehe ich Schwierigkeiten aus dem Wege? Halte ich Abtreibung oder die »lindernde Spritze zum Tod« für eine Lösung? Habe ich dem schon in Gedanken oder Worten zugestimmt? Was sagen die folgenden Sprüche:

> Ein Gramm Leiden ertragen, wiegt mehr als ein Pfund Gebet,
> ein Tag im Kreuz mehr, als ein Jahr frommer Übungen.
> Ich habe es bisher auch nicht gewußt, daß die Sorge mit das Beste in und an der Welt ist.

Dia 9: Eine Rose, die eine Hand durchsticht
(Zeichen des Frankfurter Kirchentages)
Wie haben Menschen Jesus wehgetan? Sie kreuzigen ihn, aber er ruft nicht nach Rache, er vergibt!
Aus der Wunde wächst Verzeihen und die Hoffnung, daß alles gut wird. Gott gibt die Kraft dazu, daß auch aus unseren Wunden, die wir einander zugefügt haben, die Versöhnung wächst.
Es kann der Vorsatz wachsen: keine Tiefschläge mehr auszuteilen, nicht mehr ironisch und böse miteinander zu reden.

Dia 10: Stilisierte Blume, die aus der Weltkugel wächst
Mitten in den Dornen von Angst, Not und Verzweiflung dieser Welt blüht die Blume der

Hoffnung: Hoffnung auf Liebe, auf Frieden, auf Freude, auf Erlösung. Sind wir »Blumen der Hoffnung« für die anderen?
Diese Blume der Hoffnung blüht trotz der Stürme und trotz der steinigen Böden (vgl. 4. Kalenderpredigt).

3. Meditation: Wir schauen in die Hl. Schrift

a) Mt 6,28–30: Seht die Lilien des Feldes ... Habe ich noch Vertrauen in Gottes Führung? Daß ich alles aus seiner Hand erwarten darf? Daß ich nie allein gelassen bin in all meinem Suchen? – Sehe ich noch die kleinen Dinge am Wege? Habe ich noch die Freiheit und Unbeschwertheit der Kinder Gottes? Kann ich mich noch wirklich freuen? Frißt mich die Angst vor der Zukunft auf?
b) Ps 102,15 oder Ijob 14,2 oder 1 Petr 1,24.25 oder Jak 1,10.11 bringen alle den Gedanken: Wie eine Blume des Feldes, so blüht der Mensch auf – aber so schnell vergehen wir auch wieder. Bin ich auf meinen Tod vorbereitet? Warum stecke ich vor diesem Problem den Kopf in den Sand? Bin ich innerlich zutiefst doch kein Christ mehr? Hat auf mich die Auferstehung Christi eine befreiende Wirkung?
c) Lk 7,36–50 (Maria Magdalena oder Zachäus). Nur durch Güte öffnet und ändert sich ein Mensch. So wie die Sonne eine Blüte öffnet, so kommen wir nur durch Güte und Verständnis an andere Menschen heran.
   Wenn Jesus Maria Magdalena oder ... schroff abgewiesen hätte, hätte sie ihren Lebenswandel wohl nicht geändert!
   Bin ich auch dafür, daß die Prügelstrafe wieder eingeführt wird? ... daß der Strafvollzug verschärft wird? ... daß »Arbeitshäuser« wieder eingerichtet werden müßten?
d) Die neue Welt Gottes wird kommen, zuerst zaghaft wie das Veilchen am Nordpol (vgl. Meditationspunkt 1c), um die »Eiswüste« der mitmenschlichen Beziehungen zu durchbrechen (vgl. Jes 43,19).

Zum Schluß: Nehmen Sie bitte die Blume mit nach Hause und stellen Sie sie als Zeichen der Hoffnung auf:
Wir hoffen, daß sich in dieser Welt etwas ändern kann. Und wir hoffen, daß *wir* etwas ändern können[11].

Lieder zum Thema:

»Solang noch eine Blume blüht...« (Platte Bi 256 bei R. Binder, Landshut)
»Mein Gott, Vergißmeinnicht« (LP Schwann-Studio 520, »Und siehe, wir leben«, Ökum. Beatmesse zum Mitsingen);

---

[11] Zum Teil veröffentlicht in »Gottesdienst«, Heft 18/1977.

»Schön sind die Blumen, schöner sind die Menschen ...« (GL 551, 4);
Bezug auf *Maria:* »Sie ist die edle Rose ...« (GL 588, 2. Str.);
»Ave Maria zart, du edler Rosengart ...« (GL 583);
»O Jungfrau ohne Makel, du schöne Himmelsblum ...« (GL 948 im Kölner Anhang);
»Himmlische Rose ...« (GL 952, 3 im Kölner Anhang);
»Sie (=Maria) hat sich verduftet, die schönste Blume auf dem Feld der Welt«, aus dem Sacro Pop Musical »Ave Eva«, Pietbiet 1015–1016, Peter Janssens Musik Verlag, 4404 Telgte;
Interessant auch das »Lied von der Blume« (Manfred Siebald, »Das ungedüngte Feld«, LP Bestell-Nr. 20073, good news gmbh, Postfach 1220, 6334 Asslar).

Noch ein Spruch für's Poesiealbum:
Frage nicht, wo auf der Welt es besser für dich wäre.
Da, wo Gott dich hingestellt, da blühe zu seiner Ehre.

3. Bausteine zu einem Bußgottesdienst mit Kerzen

Am Eingang erhält jeder Teilnehmer eine kleine rote Adventskerze. Da die lebendige Flamme einer Kerze sicher eindrucksvoller als ein Bild ist, werden zuerst Dias zum Thema gezeigt.

A: Dias zum Thema »Licht«

Viele Gedanken können natürlich auch auf den Teil B übertragen werden.

Dia 1: Ein Licht in weiter Ferne
Dunkelheit bringt Angst. Wir fühlen uns allein. (Einer, der Böses will, fühlt sich im Dunkeln wohl.) Ein Licht beruhigt. Wir sind sicherer, atmen auf. Eine Geschichte erzählt: In einem Winkel der Welt kauerte verbissen, trotzig und freudlos eine dicke, schauerliche Finsternis. Plötzlich erschien in dieser Not ein kleines Licht, klein, aber ein Licht. Jemand hatte es hingestellt. Es war ganz einfach da und leuchtete. Einer, der vorüberging, meinte: »Du ständest besser woanders als in diesem abgelegenen Winkel.« »Warum?« fragte das Licht. »Ich leuchte, weil ich Licht bin, und weil ich leuchte, bin ich Licht. Ich leuchte nicht, um gesehen zu werden, nein, ich leuchte, weil es mir Freude macht, Licht zu sein.« Aber die düstere Finsternis ging zähneknirschend und wütend gegen das Licht an. Und doch war die ganze große Finsternis machtlos gegen dieses winzige Licht[12].
Alle Finsternis der Welt reicht nicht aus, das Licht einer einzigen Kerze zu löschen. – Es ist besser, ein Licht anzuzünden, als über die Finsternis zu schimpfen. –

---

[12] Nach Heinrich Lhotzky, in: Kurt J. Bucher, Modelle für Schulgottesdienste, Luzern/München 1978, S. 63. Vom Inhalt her ist auch die längere Geschichte geeignet »Wie die Sonne in das Land Malon kam«, Katechetische Blätter 9/1978, S. 686ff, oder die noch längere »Das entschwundene Licht«, in: R. Müller/S. von Schroeter, Gelber Drache – rufende Flöte, Freiburg 1977, S. 43ff.

So schreibt der Prophet Jesaja (9,1.2): Das Volk, das im Dunkel lebt, sieht ein helles Licht. Über denen, die im Land der Finsternis wohnen, leuchtet ein Licht auf. Du erregst lauten Jubel und schenkst große Freude ...!
Und an einer anderen Stelle (60,1.2): Auf, werde hell, denn es kommt dein Licht, und die Herrlichkeit des Herrn geht leuchtend auf über dir. Finsternis bedeckt die Erde und Dunkel die Völker, doch über dir leuchtet der Herr; seine Herrlichkeit erscheint über dir!

Dia 2: Ein flammendes Streichholz[13]
Du willst Ehrlichkeit, erfährst aber oft nur Verlogenheit. Du willst Erfolg, gute Noten, ein Vorankommen im Beruf, erfährst aber oft die Grenzen deiner Fähigkeiten und daß andere härtere Ellbogen und brutalere Methoden haben. Du willst Güte und Liebe, erfährst aber: Terror und Gewalt nehmen zu. – Wir haben die Hoffnung, daß sich doch noch was ändert. Wir hoffen auf das Vertrauen zwischen Eltern und Kindern, Nachbarn und Christen. Wir warten auf mehr Freude, auf mehr Frieden und Gerechtigkeit in dieser Welt.
Es kann heller werden in dieser Welt, wenn wir bei uns selbst anfangen und wieder mit Gott und mit Güte das Böse zu überwinden suchen. Es kann heller werden, wenn wir nicht vor Gott fliehen, sondern uns seinen Forderungen stellen. Es kann heller werden, wenn wir wieder den Mut haben, zu Christus zu halten (und wie der hl. Martin mehr teilen, wie Maria »ja« sagen...). Ein kleines Feuer kann einen ganzen Stadtteil entzünden. Jesus spricht: Ich bin gekommen, Feuer auf die Erde zu werfen, und was will ich anders, als daß es brennt.

Dia 3: Licht auf geöffnete Hände[14]
Wie oft sind wir blind? – Wir sehen nicht, daß jemand Angst hat, ... daß jemand uns liebt, ... daß jemand auf uns zugehen will. Wir sind oft blind für Not, Krankheit und schreckliches Elend um uns herum. Manchmal sind wir blind vor Wut, hat eine zweifelhafte Liebe uns blind gemacht. Manchmal sind wir blind für Gott.
Wir dürfen mit dem blinden Bartimäus von Jericho rufen: »Herr, mach mich sehend, daß ich die Not sehe, daß ich Dich sehe – auch zwischen den Zeilen des Alltags. Laß mich alles in neuer »Belichtung« sehen: alle Dinge, alle Wesen, alle Zeiten, alle Situationen, alle Begegnungen, jeden Menschen, den Schmerz, die Freude, den Tod. Nimm von mir die Blindheit des Herzens« (vgl. unten B, 7).
Herr, sei du mein Licht und mein Heil (Psalm 26,1); sende dein Licht und deine Wahrheit (Psalm 35,10); laß uns das Licht deiner Güte widerstrahlen (Eph 5,8).

---

[13] Z. B. Impulse zur Besinnung, Bild Nr. 56, Impuls Studio, München.
[14] Serie A – Bild 11: Dorothea Steigerwald, Motiv K 90 – Laß dich beschenken, BrendowVerlag, D 4130 Moers 1.

»Komm, Herr, wir brauchen dich auf der dunklen Erde, damit die Welt von deinem Licht immer heller werde. Wir brauchen dein Licht für unsere Augen, damit wir sehen, wo wir einander helfen können. Wir brauchen dein Licht für unser Herz, damit wir gut sein können. Wir brauchen dein Licht für unser ganzes Leben, damit wir den Weg zum Vater finden.«

Dia 4: Wolken, die die Sonne verhüllen[15]
Manchmal ist uns alles so klar: wir sind froh, die Welt liegt uns zu Füßen, selbst Gott hat seinen festen Platz darin. Aber dann ziehen wieder Wolken auf, die klaren Linien verschwimmen, die Sicherheit ist fort. Auch dann darf ich mich daran erinnern: das Licht, die Sonne, ist noch da, auch wenn es regnet, auch wenn sie tagelang nicht zu sehen ist. Vielleicht wollten die Wolken nur unseren Glauben fester machen, ein Stück falsche Sicherheit zerschlagen?
Herr, laß mich auch an schweren Tagen von deinem Licht leben, auch wenn ich nur Wolken sehe.

Dia 5: Untergehende Sonne[16]
Bitte, überlegen Sie selbst in der Stille, woran Sie dieses Bild denken läßt (dazu eine Orgelmeditation).

B: Die brennende Kerze in unserer Hand

Von den Altarkerzen (besser sogar von der Osterkerze!) aus werden alle Kerzen entzündet.

1. Das Licht – die Liebe weitergeben
Als Sie eben von Ihrem Nachbarn das Licht bekamen oder es weitergaben, da mußten Sie mit Ihrer Kerze *ganz nahe* herangehen, und Sie mußten sich auch eine Weile mühen. Nur indem wir das Licht *weitergegeben* haben, ist jetzt die Welt hier viel heller geworden. Nur so wird die Welt heller: indem wir Liebe weitergeben, uns ganz intensiv um den anderen bemühen und darin viel Geduld aufwenden.
Wenn wir manchmal sagen: »Ich habe doch nichts Schlechtes getan«, so sollte uns das gerade anklagen: ich habe *das Gute unterlassen!* Durch »nichts Schlechtes tun« wird die Welt nicht heller. »Ich war hungrig, und ihr gabt mir zu essen ...« (Mt 25,35 ff). Wenn wir viel lieben, wird uns auch viel Schuld vergeben (Lk 7,47).

2. Sich verzehren wie eine Kerze
Wir schauen in die Flamme. Langsam verzehrt sich das Wachs. Ein lebhaftes Spiel, wie

---

[15] Z. B. Dia-Meditation 12 »Gott finden«, Bild Nr. 4, Impuls Studio, München.
[16] Z. B. Dia Themen I, Gerhard Jost, Schweigen, Bild 2, Burckhardthaus/Christophorus.

der flammende Docht die Flüssigkeit braucht, verbraucht, umwandelt in Wärme und Licht.

In der Bibel heißt es: Wer sein Leben um meinetwillen verliert, wird es gewinnen (Lk 9,24). Gemeint ist damit: Wer sich hingibt, wer sich verzehrt für andere wie diese Kerze, der wird gewinnen. Wer aber sein Leben für sich behalten will, wer nur seine eigenen Wünsche verwirklichen will, wird – in den Augen Gottes – das Leben verlieren: Er gleicht einer ausgeblasenen Kerze. Da ist zwar noch viel Wachs, aber es geschieht nichts damit. (Wenn das Weizenkorn nicht in die Erde fällt und stirbt, bleibt es allein; wenn es aber stirbt, bringt es reiche Frucht; Joh 12,24f.)

3. Bin ich noch Licht für die Welt?

Jesus sagt: Ich bin das Licht der Welt (Joh 8,12)! Und er sagt: Ihr seid das Licht der Welt (Mt 5,14)!

Sind wir noch Licht und Orientierungshilfe für unsere Umwelt? Oder leben wir, als hätten wir einen Kessel darüber gestülpt (Mt 5,15)? Sind wir noch mit der Quelle des Lichtes, mit Jesus, wirklich verbunden? (Denn keine Lampe kann Licht geben, wenn sie nicht mit dem Strom, der Quelle, verbunden ist:

Ich bin der Weinstock, ihr seid die Reben; Joh 15,1–5.)

Sind unsere »Batterien« leergebrannt? Laden wir oft genug den »Akku« auf? Ist meine christliche Überzeugung wie leergebrannt? Was tue ich dagegen?

4. Leuchte da, wo du stehst!

Es ist ziemlich gleichgültig, ob meine Kerze in der Hand reich verziert, kostbarer oder aus vielen Wachsfarben zusammengestellt ist. Entscheidend ist: sie leuchtet, sie gibt Licht und Wärme. So finden wir unter uns Menschen so viele Unterschiede: Der eine hat im Hintergrund mehr Einfluß, der andere steht mehr im Lichte der Öffentlichkeit, ein dritter wirkt ganz bescheiden in seiner kleinen Umwelt. Wichtig ist nicht, herauszufinden, wieviel Fähigkeiten und Talente jeder mitbekommen hat, sondern daß wir damit arbeiten, und zwar da, wo Gott uns hingestellt hat (Mt 25,14–17.19–23: mit seinen Fähigkeiten arbeiten)[17].

5. »Herr, mach mich sehend!«

Der Pfarrer von Ars wird uns als ganz einfacher Mensch geschildert. Aber eines konnte er, was nur sehr wenige können: er schaute den Menschen bis ins Herz. – So viele Menschen suchten seinen Rat, daß oft sein Gebet nur war: »Herr, mach mich sehend, damit ich jedem richtig helfen kann!« – Auch wenn Hunderte von Menschen vor seinem Beichtstuhl warteten, schüttelte er ratlos den Kopf und flüsterte: »Herr, mach mich sehend.« Dann glaubte er oft die Stimme Jesu zu hören, die ihm sagte: »Jetzt will ich dich

---

[17] Vgl. das Märchen von Hans Christian Andersen »Die Lichter«, in: D. Steinwede, Das Hemd des Glücklichen, Gütersloh 1976, S. 78–80.

sehend machen, Johannes Maria. Dafür gibt es ein ganz einfaches Mittel: Du brauchst jeden Menschen, der zu dir kommt, nur zu lieben!«[18]

6. Das Licht der Taufe

Diese Kerze in unserer Hand kann uns an unsere Taufkerze erinnern. Die Kerzen zur hl. Kommunion und zur Hochzeit sollten uns ja auch immer wieder darauf hinweisen: unsere Taufe ist der Beginn des neuen Lebens, eines christlichen Lebens. Auf *das* Licht für diese Welt will auch die Osterkerze hinweisen.

Mutter Teresa aus Kalkutta hat einmal gesagt, Gandhi wäre davon überzeugt gewesen, daß es in Indien keine Hindus mehr gäbe, wenn die Christen ihr christliches Leben voll und ganz verwirklicht hätten. Die Menschen draußen erwarten also etwas von uns. Die Art, wie wir leben, zeigt an, inwieweit wir Gott gehören. Das neue Leben, das wir in der Taufe empfangen haben, muß sich äußern in Liebe, in Geduld, im Verzeihen, in Hoffnung. Erst wenn wir dieses Leben weitergeben, wird die Welt gesünder und heller.

7. Das Licht unseres Glaubens

Es ist Ihnen doch sicher auch schon passiert, daß Sie in einem Raum waren, als plötzlich das Licht ausging! »Da befindet man sich also in einem wohlbekannten Raum, man kann sich darin bewegen, ohne anzustoßen, und findet sofort, was man braucht. Man tastet sich voran. Aber schon nach wenigen Schritten wird man unsicher, man verliert die Richtung, gewohnte Gegenstände werden zu Fallstricken. Wenn das Licht wieder angeht, dann ist alles mit einem Schlag wieder einfach und klar, ja, man wundert sich, daß man vorher so völlig die Orientierung verlieren konnte. Der Raum ist immer derselbe geblieben, die Dinge blieben an ihrem Platz, und doch hat sich alles geändert. So ist das Licht: es verrückt die Dinge nicht von ihrem Platz, aber es hilft uns, uns zwischen ihnen sicher zu bewegen. Ein solches Licht ist der Glaube.«[19]

So kann das Licht des Glaubens *alles* in einem anderen Licht zeigen: schöner, tiefer, besser. Da ist der Mensch nicht nur ein wenig über dem Tier, da leuchtet er auf als Ebenbild und Kind Gottes: geliebt und wertvoll. Da ist das Leben nicht eine kurze Zeitspanne mit viel Leid und wenig Freude, sondern Vorspiel, Anfang eines viel schöneren Lebens in Gottes Herrlichkeit. Da ist das Leiden kein Rätsel mehr oder sinnlos, da ist es hineingenommen in das Leiden Christi: wie wir in Ihm leiden und sterben, so werden wir auch in Ihm auferstehen (vgl. oben, 3).

Zum Schluß: Allgemeines Sündenbekenntnis – Lossprechung: Der allmächtige Gott erbarme sich unser… und evtl. gemeinsam das Vaterunser.

---

[18] Nach H. A. Mertens, Die Messias-Trompete, München 1968, S. 203–205.
[19] W. Wissing, aus »Image«, Pfarrbriefdienst, Aachen.

Gebet: Herr, laß unser Leben eine Kerze werden, die für dich brennt. Zünde sie an, damit Licht oder Wärme dich erfreuen, oder auch nur, damit es ein wenig nach Wachs riecht.

Entlaßgruß: Nehmen Sie die Kerze mit nach Hause und lassen Sie sie jeden Tag 3–5 Minuten brennen, um mit ihrem Licht in der Bibel zu lesen oder ein Bild zu meditieren. Dann garantiere ich Ihnen: Sie erleben das Fest tiefer. Gehet hin in Frieden![20]

Lieder zum Thema

1. Aus dem »Gotteslob«: Nr. 103: »Licht, das die Welt erhellt...«; 104,4: »Komm, du Sonne voller Glanz...«; 105,5: »O klare Sonn, du schöner Stern...«; 108,4: »Glanz strahlt von der Krippe...«; 110,2: »Ihr Licht wird hell, ihr Stern geht auf...«; 111: »Die Nacht ist vorgedrungen...«; 115,3: »Tragt eurer Güte hellen Schein...«; 116: »Gott, heiliger Schöpfer aller Stern...«; 554: »Wie schön leucht uns der Morgenstern...«; 558,4–5: »Ich lief verirrt und war verblendet...«; 644: »Sonne der Gerechtigkeit...« (und sehr viele Weihnachtslieder).
2. »Es werde Licht, das die Nacht durchbricht!« Refrain aus dem Ostertanzlied »Wir tanzen«, aus »Ein Halleluja für dich«, LP Pietbiet 1008, Peter Janssens Musikverlag, 4404 Telgte.
3. »Sieh doch das Licht über unsern Weg...« Gabenlied aus der Liedmesse für die Fastenzeit, ams-Studio 15010, Hoppe+Werry, Mülheim a. d. Ruhr.
4. »Die Freude ist das Licht des Lebens«, aus Pater Perne, Der Tag des Lebens, Single Nr. 651, Studio Union im Lahn-Verlag, Limburg.
5. »Einer hat uns angesteckt mit der Flamme der Liebe«, aus LP »Überleben«, JHD 1002, Bundesstelle BDKJ, 4 Düsseldorf 30.
6. »Friede und Licht auf dem verlor'nen Gesicht«, aus: Singles Liedblatt 1, 6/1977, BDKJ, 5 Köln 1.
7. »Du bist das Licht der Welt«, aus »Herr, wir sind Brüder« – Lieder der Kreuzbruderschaft, Präsenz-Verlag der Jesus-Bruderschaft, Gnadenthal, 6257 Hünfelden 2.
8. »Ihr seid das Salz der Erde, ihr seid das Licht der Welt«, Einzugslied der Ameländer Jugendmesse, LP Schwann-Studio 455.
9. Eine ganze Messe unter dem Thema: LP »Ihr seid das Licht der Welt«, Collata-Schallplatten, 4060 Viersen 11 – Boisheim.
10. »Weg, den ein Stern erhellt« auf der LP »Alle Knospen springen auf«, Impulse-Musikverlag, 4406 Drensteinfurt 1. Auch das Titellied ist geeignet.

4. Bausteine für eine Bußandacht mit Samenkörnern

(4.–9. Schuljahr; etwa 3 Wochen vor Ostern)

Vorzubereiten sind (zur Auswahl):

1. Jeder Teilnehmer erhält am Eingang ein Tütchen mit etwa 10 Weizenkörnern.
2. Im Altarraum steht eine größere Schale mit Erde. (Beim Lied »Wir legen den Samen in die Erde« *können* die Teilnehmer nach vorne gehen und einen Teil der Weizenkörner einsäen.)
3. Im Altarraum steht eine größere Schale, in der die grünen Halme schon sichtbar sind (etwa 3 Wochen vorher gesät).

---

[20] Zuerst verkürzt veröffentlicht in »Gottesdienst«, 22/1978.

4. Ein durchsichtiges Glas, angefüllt mit der Menge Weizenkörner, die die Anwesenden zusammen in ihren Tütchen haben.
5. Eine Schale Weizenkörner, eine Schale mit Mehl, ein Laib Brot, eine Schale mit Brothostien.
6. Die Missio-Leuchtbox mit der Folie »Das Samenkorn«; auch als Dia erhältlich bei: Missio, Hermannstr. 14, 51 Aachen.
7. Eventuell das »Indische Hungertuch« mit den Darstellungen: Das Samenkorn, das sterben muß, bevor es Frucht bringen kann (linke Seite), und die Urne als Grab für die Asche des Verstorbenen. Neues Leben sprengt das Gefäß (rechte Seite unten). Aber auch das Grundmotiv: Christus im Lebensbaum (dürr und kahl links, mit Blättern und Früchten rechts) – Hoffnung für alle Menschen.

Persönliche Begrüßung

Gebet: Vater im Himmel, du kennst unsere Fehler und Schwächen. Schenk uns den Blick deines Sohnes, daß wir jetzt tiefer sehen:
dich in unseren Gedanken, dich in unseren Augen, dich in unserem Herzen. So kann das Reich deines Sohnes wachsen. Das bitten wir durch ...

Gedanken zur Auswahl

1. Das Wunder des Wachsens
(Wir schauen auf das Folienbild oder auf die größere Schale mit den schon grünen Hälmchen.)
Ist das alles so selbstverständlich: fruchtbare Erde – Regen – Sonne – alles im richtigen Maß? Ein Samenkorn überhaupt haben (!) und dann das Wunder: es quillt auf, es sprengt seine Schale, bildet Wurzeln und sucht Halt und Nahrung im Erdreich. Der Samen wandelt sich zum Keim einer neuen Pflanze. Der Same stirbt für neues Leben.
Kannst du noch darüber staunen? Siehst du noch die Wunder um dich herum ...? Wie oft sagst du »danke«? Sind wir nur deshalb reicher, weil wir nicht so oft von Natur-Katastrophen heimgesucht werden? (Die Gewissensfragen sind jeweils immer nur angedeutet und sollen je nach Situation und Absicht vom Gottesdienstleiter weiterformuliert werden.)

2. Der Kälteschock
Der Landwirt sät das Wintergetreide schon im Herbst. Wenn dann Frost und Schnee über die junge Saat kommen, geht wohl einiges zugrunde; aber die harte Kur des Frostes läßt die Halme im Sommer reiche Frucht bringen. – Auch ein Landwirt, der die Aussaat auf den sicheren Frühling verschiebt, weiß: er muß das Saatgut vorher – notfalls künstlich – einem Kälteschock aussetzen. Dieser starke Reiz läßt die Pflanze später alles hergeben, was sie zu geben hat[21].

---

[21] Nach E. Rucker, Symbolgeschichten, München 1975, S. 40.

Sagst du zu oft, »ich habe keine Lust«? Läßt du dich fordern? Läufst du der Masse nach? Kannst du verzichten? Bist du abgehärtet? Bekommst du zu Hause alles, was du haben willst, oder mußt du Hindernisse überwinden? Teilst du gern? Bemühst du dich um einen tieferen Glauben?

3. Frucht bringen

Der Leiter des Gottesdienstes veranschaulicht jetzt das Gleichnis vom Sämann (Mt 13,3b–8): Ein Sämann, so sagt Jesus, ging aufs Feld, um zu säen. Und als er säte, fiel ein Teil der Körner auf den Weg (er streut einige Körner in den Mittelgang), und die Vögel kamen und fraßen sie. Ein anderer Teil fiel auf felsigen Boden (auf die Altarstufen streuen), wo es nur wenig Erde gab, und ging sofort auf, weil das Erdreich nicht tief genug war; als aber die Sonne hochstieg, wurde die Saat versengt, und weil sie keine Wurzeln hatte, verdorrte sie. Wieder ein anderer Teil fiel in die Dornen (in ein Blumengesteck streuen), und die Dornen wuchsen und erstickten die Saat. Ein anderer Teil schließlich fiel auf guten Boden und brachte Frucht (in die aufgestellte Schale mit Erde streuen), teils hundertfach, teils sechzigfach, teils dreißigfach.

Der Same, das sind die Worte Gottes, die du bisher durch Jesus Christus gehört hast. Haben dir Unaufmerksamkeit, Gleichgültigkeit oder böse Gedanken die Ohren verstopft? Hast du sie freudig aufgenommen und dann doch keine Wurzeln gezeigt, wenn dich einer gehänselt, verspottet, darauf angesprochen hat? Haben die Sorgen um die Schule, um Zuhause ... alles in dir erstickt? Oder sind die Worte Jesu vom Frieden, vom Vertrauen auf Gott, von der Freude an Gott in dir gewachsen und werden immer stärker und fester? *Rechne aus* (vielleicht auf ein Plakat schreiben):

Im 1. Jahr bringt ein Samenkorn fast 100 Weizenkörner,
im 2. Jahr $100 \times 100 = 10\,000$ Weizenkörner,
im 3. Jahr $10\,000 \times 100 = 1$ Million Weizenkörner.

Was aus einem Weizenkorn werden kann, wenn es auf fruchtbaren Boden fällt! Wie schade, wenn auch nur ein Samenkorn verlorengeht[22].

Jetzt könnte beim Lied (per Platte?) »Wir legen den Samen in die Erde« Gelegenheit gegeben werden, daß jeder, der möchte, nach vorne kommt und ein Samenkorn für mehr Freude, mehr Friede, mehr Gerechtigkeit ... in die Schale mit Erde legt.

4. Das Wachstum Gott überlassen

Dieser Punkt ist mehr für eventuell anwesende Erwachsene gedacht. (Der Gottesdienstleiter tritt an die Schale mit Erde, in die Samenkörner gelegt wurden – vielleicht begießt er den Schaleninhalt mit etwas Wasser.)

In der Bibel steht das Wort: Weder der, welcher pflanzt, ist wichtig, noch der, welcher begießt – nur Gott, der wachsen läßt! (1 Kor 3,7)

---

22 Nach Pfeil/Bouwmans, unv. Manuskript.

Wir können nur säen oder pflanzen und begießen, das Wichtigste müssen wir einem anderen überlassen: das Wachsen. Wir haben kaum Einfluß auf den Boden (=Veranlagungen), aus dem ein Mensch wächst. Auch die Luft (=Atmosphäre) um ihn herum, können wir nicht wesentlich ändern.
Habe ich noch Vertrauen in Gottes Führung? Überlasse ich Gott das Wichtigste, das »Wachsen«, oder mische ich mich überall ein? (Vielleicht wird dieser Mensch ganz anders, als ich mir das vorgestellt habe, und ist dann doch – auch in Gottes Augen – anders viel wertvoller für die Menschen!)

5. Geduld haben
(Der Prediger tritt an die Schale mit sprossenden Weizenkörnern.) Was meint ihr, wenn mir dieses Wachsen hier zu langsam geht und ich an diesen Hälmchen überall etwas ziehe...? (dann vertrocknen sie...) Ja, ich muß Geduld haben. Mit der guten Saat und mit der schlechten... Manchmal wuchert das Schlechte, Gemeine, Hinterhältige noch viel schneller. Da denken wir schon mal: Ach, würde Gott doch dreinschlagen, das Schlechte ausreißen; warum zeigt er nicht, wie mächtig er ist!
Aber hört zu. In der Hl. Schrift steht etwas darüber. Ich überschreibe das Gleichnis mit: »die Geduld der Knechte«[23].
Habe ich genügend Geduld? Mit den Fehlern anderer? Mit mir selbst, wenn etwas nicht gelingt? Wenn Gott mit mir so viel Geduld hat, kann ich dann nicht auch für andere mehr Geduld aufbringen?...

6. Die Sprengkraft
Die kleinen Wurzeln können ungemein stark werden. Vielleicht hast du schon gesehen, wie die Wurzeln eines kleinen Bäumchens eine ganze Mauer langsam aufsprengen (vgl. 4. Kalenderpredigt). Oder hast du schon beobachtet, wie eine Pflanze sich sogar durch Asphalt gearbeitet hat? Bilder für den Glauben, der jedes Hindernis überwinden kann. Auch darüber steht etwas Interessantes im Neuen Testament: Mt 13,31–32: Gleichnis vom Senfkorn[24].
Habe ich diese Sprengkraft des Glaubens schon einmal erlebt? An mir? An anderen? Tue ich alles, damit mein Glaube stärker wird (Gebet, Gottesdienst)? Habe ich Freunde, die mich in meinem Glauben stärken? Lasse ich die Keime meines guten Willens, meines Gerechtigkeitssinns, meiner Nächstenliebe ... stärker werden?
Noch sind nur keimhafte Ansätze unseres Glaubens zu spüren und zu sehen. Ich lese euch vor, wie die Früchte aussehen können: Mt 5,3–11: Die Seligpreisungen.

7. Samen stirbt zu neuem Leben.
Auf dem Bild der Leuchtbox sehen wir es: Der Same verwandelt sich zum Keim einer

[23] Text: Werkbuch Biblische Geschichte, Bd. 1, S. 101–104 (vgl. Kap. VII, Anm. 9).
[24] Text: K. Eykman/B. Bouman, Die Bibel erzählt, Freiburg 1978, S. 312–315.

neuen Pflanze. Die ursprüngliche Gestalt muß sich verändern, vergehen, nur so ersteht neues Leben. Christen sehen weiter. Jesus sagt dazu (Joh 12,24–25): »Amen, Amen, ich sage euch: wenn das Weizenkorn nicht in die Erde fällt und stirbt, bleibt es allein; wenn es aber stirbt, bringt es reiche Frucht. Wer sein Leben liebt, verliert es; wer aber sein Leben in dieser Welt haßt, wird es bewahren bis ins ewige Leben.«
Habe ich schon diesen weiten Blick, daß der Tod nicht Schlußstrich, sondern nur Übergang in eine andere Weise des Lebens ist? Glaube ich daran, daß die Verstorbenen in Christus mir weiter nahe sind? Daß ich sie wiedersehen werde?

8. Gemeinsam sind wir stärker.
(Der Prediger stellt sich hinter das durchsichtige Glas, das angefüllt ist mit der Menge Weizenkörner, die die Anwesenden zusammen in ihren Tütchen haben.)
Die wenigen Weizenkörner in euren Tütchen sind fast wertlos, nicht der Rede wert. Vielleicht habt ihr das eine oder andere Korn schon verloren. Wenn aber alle Körner zusammengelegt werden – und hier in dem Glas sind genau soviel, wie euch am Eingang einzeln gegeben wurden –, dann kann man schon viel Mehl daraus machen und mindestens ein Brot backen.
So geht es uns doch oft. Einzeln sind wir (Christen) fast wirkungslos. Deshalb müssen wir uns zusammentun. Schon drei in einer Klasse, die wissen, was sie wollen, können eine ganze Klasse verändern. – Das ist auch einer der Gründe, warum wir uns sonntags versammeln: zu erfahren, du stehst nicht allein; da sind noch so viele, die denselben Weg einschlagen, um vielleicht Brot und Hoffnung für diese Welt zu sein.
Verläßt mich sofort der Mut, wenn ich zu meinem Glauben stehen soll? Schließe ich mich mit den Gutgesinnten in der Klasse zusammen und schwimme mit ihnen gegen den Strom? Stärke ich sonntags das »Rückgrat« der anderen Christen, oder schlafe ich dann aus?...

9. Dreimal sterben.
(Der Prediger tritt an die Schalen mit Weizenkörnern, Mehl und Brothostien und dem Laib Brot.)
Zuerst muß das Weizenkorn sterben, damit über die Ähre neues, größeres Leben ersteht (er deutet auf die Schale mit Weizenkörnern). Dann müssen die Körner wieder sterben, wenn sie in der Mühle zu Mehl gemahlen werden (er deutet auf die Schale mit Mehl). Aber auch das ist kein Tod. Es entsteht das neue Leben des Brotes, das dem Menschen hilft, sein Leben zu erhalten. – Was sonst Monate dauert, liegt hier nebeneinander.
Aber auch das beste Brot ist nicht in der Lage, das Leben des Menschen ewig zu erhalten: nach 60–70–80 Jahren stirbt der Mensch. Gott aber will, daß der Mensch ewig lebt. Deshalb läßt er das Brot noch einmal sterben, um es auf eine viel höhere Stufe zu heben, wenn er sagt: »Dies ist mein Leib. – Ich bin das lebendige Brot, das vom Himmel herabgekommen ist. Wer von diesem Brot ißt, wird ewig leben.« –
Achte ich das Brot, um das sich so viele Menschen gemüht haben, von dem so viele

Menschen vor Hunger träumen? Achte ich das Brot, in dem Jesus Christus gegenwärtig ist, als etwas Geheimnisvolles, Unbegreifliches, Heiliges? Drückt sich das in meiner inneren und äußeren Haltung aus?

Texte zum Thema »Samenkorn«

1. Glauben heißt, ein Häufchen häßlicher, verschrumpelter, trockener Samenkörner in der Hand halten...
   (Ernesto Cardenal, Das Buch von der Liebe, Wuppertal [2]1974, S. 132)
2. Ich möchte die Wüste grün machen. Jede Stunde ist ein Streifen Land.
   Ich möchte ihn aufreißen mit dem Pflug. Ich möchte Liebe hineinwerfen,
   Gedanken und Gespräche, damit die Frucht wächst.
   Ich möchte Worte sprechen, die wie Samen sind,
   damit die Wüsten und Dürren unserer Herzen blühend und fruchtbar werden.
   Ich möchte die Zeit füllen, wie ich ein Gefäß fülle,
   angefüllt bis zum Rand mit Wein,
   übervoll sich zu ergießen in die Trockenheit unserer Herzen.
   Ich möchte leben wie eine Blume mit zarten Blättern und leuchtenden Farben,
   sich ständig öffnend und schließend, gehalten von einer Mitte.
   Wie eine Blume, deren schützende Knospenblätter sich sprengen,
   Blatt für Blatt aufplatzen: Schönheit entfalten und Duft verschwenden.
   Wie eine Blume, die sich öffnet nach allen Seiten,
   die sich hingibt, damit Frucht wächst;
   denn verschlossene Blüten bleiben ohne Frucht.
   (M. Langner, »Wider die Resignation«. Texte, Gebete und Gedanken, Verlag Friedrich Pustet, Regensburg 1977)
3. Siehe den Text von Jörg Zink »Herr meine Stunden und meine Jahre«, in: ders., Wie wir beten können, Stuttgart 1970, S. 81.
4. Siehe auch den Text von Wilhelm Willms »Gebrauchsanweisung«, in: ders., Aus der Luft gegriffen, Kevelaer 1976, S. 95–97.

Lieder zum Thema »Samenkorn«

GL 183: Wer leben will...; GL 249,3.: daß jeder Keim aufbreche...; GL 521: Herr, gib uns Mut...; GL 620: Das Weizenkorn muß sterben...
»Das Korn fällt auf die Erde...«: W. Schmölders auf der LP »Weitersagen«, Impulse-Musikverlag, 4406 Drensteinfurt; »Ein Sam...«: W. Willms auf der LP »Fest der Hoffnung«, Peter Janssens Musik Verlag, 4404 Telgte; »Alle Knospen springen auf...«: W. Willms, siehe Melodie nach L. Edelkötter, Mappe Januar 79 (»Gottesdienste mit Kindern und Jugendlichen«, Verlag Bergmoser & Höller, Aachen), nach P. Janssens, Mappe Mai 78. Schallplatte »Alle Knospen springen auf«, Impulse-Musikverlag, 4406 Drensteinfurt, IMP 1007; »Kleines Senfkorn Hoffnung...«: siehe Mappe Februar 79: Text und Noten; ebd.: »Komm, bau ein Haus...«; »Wir legen den Samen in die Erde...«: auf der LP »Weitersagen«, Impulse-Musikverlag, 4406 Drensteinfurt; »Wir säen neues Leben«: auf der LP »Fest der Hoffnung«, Pietbiet 1022 s. o.; »Überall«: auf der LP Pietbiet 1031 »Wann kommt der Tag«, Peter Janssens Musik Verlag, 4404 Telgte;

Allgemeines Schuldbekenntnis: Ich bekenne...

Lossprechung: Der allmächtige Gott... Nachlaß, Vergebung...

Fürbitten: (dazu Meditationsmusik, mit langen Pausen gesprochen)
- Laß mich noch staunen können über das Wunder des Wachsens. – Stille –
- Laß mich zum Weizenkorn werden, das vielfache Frucht bringt. –
- Schenke mir mehr Mut zum Teilen, Opfern, Geben – zum Dasein für andere. –
- Herr, gib mir Geduld – mit mir und mit anderen! –
- Schenke mir einen Glauben, der Mauern sprengen kann. –
- Laß mich im Tode nicht die letzte Station sehen, sondern den Keim zu neuem Leben. –
- Gib, daß uns der gemeinsame Glaube stärker macht. –
- Schenke mir oft das heilige Brot, das ewiges Leben gibt. –
- Laß die Kirche zum Zeichen der Hoffnung für alle Menschen werden. –
- Laß dein Reich der Güte, der Liebe und der Gerechtigkeit jetzt schon so stark werden, daß sich alle Menschen in den Schatten dieses Baumes flüchten können. –

Priester: Ja, Vater, nimm uns alle Ängste und Zweifel. Und laß in uns wachsen das Reich deines Sohnes.

Vaterunser – Segen – Entlaßgruß.

(Die Teilnehmer sollen die restlichen Weizenkörner mitnehmen, zu Hause einpflanzen und Ostern wieder mit zur Kirche bringen.)

Mittlerweile habe ich ein Buch nur mit Bußfeiern geschrieben. Sein Titel:
Willi Hoffsümmer, *2 × 11 Bußfeiern. Mit Gegenständen aus dem Alltag,* Grünewald/ Mainz, 1985[2].
Darin finden Sie 17 Wortgottesdienste für Jugendliche und Erwachsene und fünf Bußfeiern für Kinder. Diese Wortgottesdienste sind auch leicht in eine Jugend- oder Familienmesse umzusetzen.

IX. Liturgische Abende – Erlebnis der Gemeinschaft

Wir nennen diese Abende, die meist bis Mitternacht andauern, nicht »liturgische Nächte«, um bei manchen Christen – je nach Information – nicht gleich negative Emotionen hervorzurufen. Wir führen diese Abende etwa ein- bis zweimal im Jahr durch, weil wir wenigstens ab und zu die Gemeinschaft, die im Gottesdienst entstehen kann, weitererleben wollen. Denn normalerweise haben unsere Gottesdienste die sehr starke Ausrichtung nach vorne, zum Altar; die Verbindung untereinander, die das eucharistische Brot ebenso bewirkt, kommt zu kurz. Wir beginnen mit der hl. Messe samstags um 20 Uhr. (Das bedeutet bei uns eine besondere Zeit, da der Gottesdienst in der Regel um 18 Uhr beginnt. Vorteile: Jugendliche unter 13 Jahren sind »ausgeladen«, sie bringen noch nicht die nötige Ruhe mit; Eltern, die jüngere Kinder haben, können teilnehmen; Gottesdienstbesucher, die diese moderne Form nicht wollen, werden nicht überfahren.)

Alle sitzen im Halbkreis – mit Blick auf den Altar – um kleine Tische, auf denen Kerzen brennen. Wer will, kann sich Decken mitbringen und auf den Boden setzen. (An dieser »Sitzordnung« ist schon zu erkennen, daß zu dieser Gottesdienstart ein Saal eher geeignet ist als eine Kirche.) Nach der hl. Messe, die sich nur durch die Sitzordnung von einer normalen Jugendmesse unterscheidet, *bleiben wir zusammen.*

In etwa wird in den folgenden Stunden eine religiöse Thematik fortgesetzt: durch Kurzfilme, Spiele der Laienschar, Meditationstexte, musikalische Einlagen einzelner oder von Gruppen (z. T. aus den Musicals »Ava Eva«, »Menschensohn«, »Circus Mensch«, »Franz von Assisi«, »Hair«, etc.), Dia-Berichten von Gruppen, die einen Katholikentag oder Taizé besuchten. Es werden auch »Spiele« eingestreut, z. B. das bekannte Netzknüpfen, oder ein mehr meditativer Tanz, bei dem mehrere Personen durch einen Gymnastikstab miteinander Kontakt haben. Beeindruckend auch die gefüllte Stille während einer Meditation. Das dichteste Gemeinschaftsgefühl entsteht immer beim *gemeinsamen Singen* der modernen religiösen Lieder (Janssens, Edelkötter etc.).

Es werden immer wieder Pausen eingelegt, damit auch Kontakt zu fremden Besuchern aufgenommen werden kann, auch wird das wichtige Gespräch zwischen den Generationen versucht. In diesen Pausen ist auch Gelegenheit, den mitgebrachten Imbiß zu sich zu nehmen. Mit den Rauchern entstehen keine Probleme in der langen Zeit: Ihnen ist in der Nähe der Garderobe eine Möglichkeit zum »Erholen« gegeben. Obwohl Alkohol unerwünscht war, hat sich eingebürgert, daß Erwachsene Rotwein mitbringen.

Den Abschluß bildet immer eine Meditation mit der Leuchtbox (von MISSIO) oder ein meditativer Kurzfilm (z. B. »Wenn ich schaue deine Werke«, sechsminütiger Film über Größe und Schönheit der Schöpfung von Nicolas Frangakis; bei den Diözesanfilmstellen erhältlich) oder eine Kerzenmeditation (»Wir blicken jetzt in die Flamme ...«).

Im Vorraum sind Ausstellungen, z. B. von MISSIO oder 3. Welt-Handel, untergebracht. Dem Thema gemäß ist auch der ganze Raum gestaltet. Beim Thema »Ihr seid das Salz der Erde« (jeder bekam ein Tütchen mit Salz: siehe die gleichnamige Zeichenpredigt Nr. 2) hingen an den Wänden Poster von all den Personen, die heute Salz für diese Welt sind, was ein Tonbild über Mutter Teresa[1] noch unterstrich. Oder zum Thema »Ein Schiff, das sich Gemeinde nennt...« war der Altar in ein Schiff mit Mast und Fahnensegel umgewandelt.

Bei diesem Thema war zwischen den Strophen des bekannten Liedes von Martin G. Schneider stückweise folgende *Meditation* eingebaut:

»Das Segel-Schiff – altes Bild für Kirche – wir fahren als Mannschaft im großen Schiff der Kirche dem ewigen Hafen entgegen. Aber auch der einzelne sitzt in seinem Leben wie in einem Schiff, im Lebensschiff, und deshalb brauchen wir Wind in den Segeln, um das Meer des Lebens zu durch-»kreuzen« und den fernen Hafen in Gott zu finden. – Der Atem des Heiligen Geistes treibt uns voran. Allerdings sind wir dieser frischen Brise nicht ausgeliefert – wir können die Segel auch einziehen, uns nicht mehr von Gottes Geist treiben lassen. Und selbst mit Segel müssen *wir* noch mitwirken: Wir fragen nach der richtigen Richtung und versuchen, das Schiff entsprechend zu steuern.

Wir können erkennen: Mast und Querstange für die Segel ergeben ein Kreuz – nur mit Christus überwinden wir den Abgrund der wilden Wasser, die Anfechtungen des Lebens. – Machen wir uns nichts vor, wir sind eine kleine Herde. Nach menschlichem Ermessen zerschlägt uns der nächste Sturm, weil unser Rückgrat manchmal so leicht zu brechen ist. Da heißt es gerade in dieser Situation: Wer Gefahr und Leiden scheut, erlebt von Gott nicht viel. Nur wer wagt, wird gewinnen.

Unsere Gemeinde krankt daran, sich im falschen Glanz zu sonnen. Es läuft ja alles so gut... Aber was läuft denn so gut? Können unsere Gemeinschaften überzeugen? Tragen wir andere? Sicherheit und Ruhe machen uns bequemer und selbstherrlicher. Jeder Stillstand ist Rückgang. Der Eifer der ersten Jahre ist nicht mehr da. Das Schiff hat schon eine Menge Rost angesetzt. Der eine schiebt dem anderen das Denken und Handeln zu. Eine gefährliche Haltung!

Diskutieren wir zu viel? Übersehen wir dabei die, die am Rand der Reling ermattet liegen und nicht weiter können? Warum tun sich Erwachsene so schwer, in einer Veranstaltung wie dieser den Kontakt zur Jugend zu suchen? Warum tun sich Jugendliche so schwer, in einer Veranstaltung wie dieser sich an Erwachsene heranzuwagen? Sind wir nur zusammengesetzt aus menschlich verständlichen Reaktionen – oder hat unser Glaube die Kraft, auch über unseren eigenen Schatten zu springen: auf andere zuzugehen? Nicht nur an uns selbst zu denken?

Die Stille kann wie ein Schlüssel sein, der uns die Wirklichkeit aufschließt, der uns sehen läßt, der uns den Weg zum Nächsten zeigt und zu Gott.«

Wir möchten diese Abende nicht missen.

---

[1] Bildpredigt 3, Missio München, Hirtenstr. 26, 8 München 2.

Schriftstellenregister

Sachregister

Feste und Zeiten im Kirchenjahr